生态品牌发展报告

Ecosystem Brand Development Report

(2023)

编著

凯度集团（Kantar Group）

牛津大学赛德商学院（Oxford University's Saïd Business School）

《财经》杂志（Caijing Magazine）

新华出版社

图书在版编目（CIP）数据

生态品牌发展报告. 2023 / 凯度集团, 牛津大学赛德商学院,
《财经》杂志编著. -- 北京：新华出版社, 2023.8
ISBN 978-7-5166-6945-7

Ⅰ. ①生… Ⅱ. ①凯… ②牛… ③财… Ⅲ. ①企业管理－品牌战略－研究报告－中国－2023 Ⅳ. ①F279.23

中国国家版本馆CIP数据核字（2023）第145478号

生态品牌发展报告（2023）

编　　著：凯度集团　牛津大学赛德商学院　《财经》杂志

出 版 人：匡乐成　　出版统筹：许　新　黄春峰
选题策划：潘海平　　责任编辑：林郁郁　许兼畅　李　珊
执行编辑：许兼畅　　封面设计：今亮后声

出版发行：新华出版社
地　　址：北京石景山区京原路8号　　邮　　编：100040
网　　址：http://www.xinhuanet.com/publish
经　　销：新华书店、新华出版社天猫旗舰店、京东旗舰店及各大网店
购书热线：010－63077122　　中国新闻书店购书热线：010－63072012

照　　排：六合方圆
印　　刷：三河市君旺印务有限公司

成品尺寸：165mm×235mm
印　　张：14.75　　字　　数：120千字
版　　次：2023年8月第一版　　印　　次：2023年8月第一次印刷

书　　号：ISBN 978-7-5166-6945-7
定　　价：58.00元

《生态品牌发展报告（2023）》编委会

新发展理念引领生态品牌发展

匡乐成

中华人民共和国年鉴社社长，新华出版社党委书记、社长

“生态品牌”这一概念，准确把握了全球经济和科技发展趋势，快速适应了时代进步的潮流，完美契合了高质量发展的内在要求。如何在开新局中依托生态品牌实现高质量发展，是当今企业面临的重要课题。

生态品牌重塑品牌内涵

从产品品牌到平台品牌，再到生态品牌，不是简单的1.0到2.0再到3.0，而是把品牌建设提到了一个前所未有的新高度，**从构筑产业生态的高度给品牌内涵赋能**。生态品牌的背后，不仅仅是产业链、供应链、价值链，而是生态链，每一个环节都有生命力，生态链具有内生动力，因此**打造生态品牌，成为生态品牌，意味着建立了一个完整的产业生态链，这使得人们对生态品牌的价值和前景充满了想象和期待**。就像一提到春天，眼前马上浮现出生机勃勃、万物复苏、草长莺飞的美好景象一样。

生态品牌显著提升品牌信用资本

品牌的核心是信用，信用是获得信任的资本。对品牌的估值就是对品牌信用资本的量化评价。传统的信用评价聚焦市场主体的财务状况，后来发展为包括“诚信度、合规度和践约度”的“三维信用”。社会信用建设开展以来，对市场主体的信用评价也涵盖了很多社会维度的诚信评价。

有信用，才能赢得未来。生态品牌用生态概念丰富了品牌信用评价的维度，值得金融和信用界关注、研究。在城市和区域营商环境的评价体系中，应该加强对所在区域生态品牌的建设情况的考察，从而使生态品牌增加更多的应用场景。

生态品牌贯彻“以人为本”的品牌理念

以前说品牌建设，虽然也考虑了人的因素，但主要是单方面的，即仅从品牌主体所在机构的角度考量。即使考虑用户，也只是关注用户评价，后来才扩展到用户体验。生态品牌向前延伸了一步，将品牌建设中主体、客体的获得感都纳入了衡量品牌建设的重要维度，**不仅体现共享，而且强调共创，激活了品牌建设中生产者、销售者和使用者的一体化力量，形成了生态概念下的“品牌命运**

共同体”，这是让人非常赞赏的一点。

同时，生态品牌的构建为数字化时代提供了数实融合、数实共生的解决方案。当前万物互联技术让数据获取更便捷、数据更丰富，人工智能技术又让信息处理与生成的效率发生革命性变化，二者深度融合应用催生了“大数据 +AI+ 产业”的全新智能经济形态。生态品牌的构建则形成了由数智化转型驱动、覆盖价值创造全过程的智能经济数实融合的新生态，涵盖了支撑“**价值观引领、数据要素驱动、算力设施支撑、智慧算法赋能、协同融合创新、生态互利共赢**”的一整套技术平台、产品工具、组织机制、运营模式和评价体系，有助于打造激发能动性和创造力的土壤，挖掘和凝聚各方潜能，**提高产业生态价值、增强产业链韧性、赋能产业生态创新能力，筑牢抗风险能力，实现高质量可持续发展**。

生态品牌这一品牌新范式体现了**“创新、协调、绿色、开放、共享”的新发展理念**，具有非常深远的时代意义和实践意义，值得学界、企业界和媒体界关注、研究和推广。

生态品牌是推动高质量发展的强大力量

何德旭

中国社会科学院
财经战略研究院院长

生态品牌的精髓在于与用户、合作方的相互赋能，共赢共生，创造生态的长期整体价值，实现高质量可持续的发展。因此，这是一个共创、共享、共赢的生态经济系统。

从这个角度看，这个生态跟传统的生态是不一样的。生态品牌具有更加丰富的内涵，相关的思想、观点都值得好好琢磨。过去对生态的理解通常指生物在一定的自然环境下生存和发展的状态。但生态品牌的内涵更加丰富，企业与用户、合作方相关的所有活动都可以纳入这个概念中。

从宏观层面讲，生态品牌至关重要。二十大报告中指出，高质量发展是全面建设社会主义现代化国家的首要任务。生态品牌具有的一些特征，比如注重合作、协同、创新、协调、开放、共享等，这些都是高质量发展的内容。如今已蔚然成风的生态品牌新范式，在推动高质量发展的进程中，必将成为一种主要模式、一种重要方式、一股强大力量。

从微观层面讲，生态品牌具有强大的势能，主要表现在以下四个方面：

第一，优化资源配置。在生态品牌的建设过程中，通过打破数据、技术和资源的孤岛，不断突破地域、组织、技术的边界，整合跨行业、跨领域合作伙伴的资源和能力，推动形成资源要素的共享平台，促进资源配置从单点优化向多点优化转变，从局部优化向集群优化转变，从静态优化向动态优化转变。因此，生态品牌能够全面提升全要素的流通效率和水平，帮助生态中的各参与方提质增效。

第二，推动产业升级。生态品牌具有开放、共享、协同的基本特征，能够促使创新活动在时间和空间上交叉、重组和优化，根据市场和技术的变化持续创新，促进企业的组织方式和经营方式变革。这种创新还能有效促进企业适应个性化、多样化的用户需求，进而推进供给体系创新。生态品牌还能基于物联网平台协同创新，大幅缩短新技术、新产品从研发到量产的周期，构建深度互动、快速迭代的产业创新生态圈。

第三，促进研发制造。生态品牌将数字技术与研发制造深度融合，能促进企业内部以及企业之间研发、设计、制造、营销、管理等业务系统的无缝衔接和无界协同，精准对接和满足消费者需求，加快实现个性化定制。

第四，提高管理效率。生态品牌通过广泛、实时、精准的信息交互，可以大幅度降低信息、评价、决策、监督的交易成本，从而带来企业组织形态、组织流程、组织机制、市场主体的深刻变化，极大地精简管理层次、提高管理效率。

建设生态品牌不是一蹴而就的，企业还面临能力提升、技术升级、管理优化、业务转型等问题和挑战。企业在这些方面还需要付出巨大的努力，来适应生态品牌建设的需要。

尽管面临不小的挑战，但对于很多企业和整个社会来说，建设生态品牌是一次品牌范式的革命，是不可多得的机遇。建设生态品牌将为企业带来持续发展、穿越周期的能力，有助于推动业务模式、发展动力等方面的变革，能够使企业转变为由生态品牌驱动的无边界组织，更能为社会创造普惠的价值。期待更多企业在这个过程中能够抓住机遇，实现高质量发展。

前 言

全球经济正从新冠疫情和俄乌冲突的影响中逐步回归正轨，但在地缘政治紧张和全球化进程波动的局势下，依旧受到能源危机、货币金融市场动荡和通胀问题等因素的影响。因而，世界仍处在VUCA（Volatility 易变性，Uncertainty 不确定性，Complexity 复杂性，Ambiguity 模糊性）的阴影笼罩之中，重振之路漫长而坎坷。中国市场则在全球潮流中保有其独特性，首先是在2023年开年亮出了积极信号，但随着自发性修复期结束，整体经济和消费市场的温和复苏脚步趋缓。因此，企业和品牌面临着诸多当下和未来的挑战，亟待多方共同协作寻找答案和解决方法。

不过在动荡中，社会层面依然取得了瞩目的成就：不计其数的传感器被嵌入社会的各个角落以形成“万物互联”的新景象，物理世界和数字世界的边界逐渐消弭，线上线下的场景和商业生态深度融合，人工智能领域取得重大进展，下一轮技术引领的革新已然到来。企业期待借助这些新力量来积极应对时代的不确定性和建立可靠的安全感。在这样的趋势下，打造生态品牌新范式已经成为当下企业发展的共同选择。

生态品牌的领先性和普适性在于，通过与用户、合作伙伴联

合共创，不断提供无界且持续迭代的整体价值体验，最终实现终身用户及生态各方共赢共生、为社会创造价值循环。在万物互联的新时代中，藩篱逐步被打破；同时，在品牌的用户和生态合作伙伴的需求引领下，在各项相互关联的技术创新演进推动下，品牌范式在生态品牌框架里更进一步向智能化及可持续的方向进阶。

2021 年，凯度集团联手牛津大学赛德商学院、《哈佛商业评论》中文版共同推出了“生态品牌认证体系”，旨在对品牌在生态品牌转型与建设上的进程与成果展开评估。2022 年，凯度集团、牛津大学赛德商学院以及《财经》杂志联合发起，首次向全球范围内的品牌开放生态品牌认证的申请。在近百家申报品牌中，共有 12 家品牌成功获得生态品牌认证，而这些品牌链接了超过 60 个行业和 20 万家生态合作伙伴，累计年度营业收入超过 1.7 万亿元，可以看到领先企业在生态品牌建设上初获成果。

2023 年 2 月，新华社品牌工程、凯度集团、牛津大学赛德商学院以及《财经》杂志正式启动第二届生态品牌认证。

生态品牌认证的目标是搭建品牌之间交流和共创的平台，解读趋势并总结实践经验，为更多企业的品牌进化提供切实可行的高质量发展路径。生态品牌的系列书籍则将理论创新与实践经验集结成册，为品牌建设者们提供行动指南。

2020 年出版的《物联网生态品牌发展报告》深度阐述了物联网时代的引领型品牌范式——生态品牌，并明确生态品牌的定义及标准，成为品牌创新发展的“灯塔之书”。

2022 年，品牌进化的“领航之书”——《生态品牌发展报告

（2022）》系统剖析了生态品牌的发展趋势，科学建立了认证体系，深度解读了标杆案例，为所有渴望在品牌转型与建设方面取得突破的企业提供理论及实践指引。

2023年的“指南之书”《生态品牌发展报告（2023）》融汇过去几年对“生态品牌”的研究结晶，将从趋势分析开始，厘清用户及其合作伙伴的诉求如何为生态品牌的进阶指明方向；梳理各项关键技术的创新演进将如何驱动生态品牌迭代升级和实现可持续化发展。进而，本书将解读2023年生态品牌认证结果及年度核心洞察，并基于认证模型的三大视角剖析生态品牌实践：一是，共同进化，生态内的各参与方共生共进；二是，价值循环，生态内价值的持续、循环增长；三是，品牌理想，为促进可持续发展及提升社会的整体价值做出贡献。最后，本书将总结阐述转型升级为生态品牌的行动建议，并对生态品牌做出展望，启迪和助力企业在不确定的环境中把握先机，实现高质量发展。

目 录 CONTENTS

ECOSYSTEM BRAND EVALUATION
生态品牌认证

我相信，生态、生态品牌和生态型组织将在未来的商业发展中发挥至关重要的作用。它们构建了鼓励企业家精神、围绕用户创造终身价值的理念框架。

仅仅基于过去的模式，我们很难将生态创造的真正价值——对用户、生态合作伙伴及品牌自身的价值体现出来。这有点像使用旧地图或未校准的卫星导航系统，来面对如今的环境。

这是我热忱期待这份发展报告面世的众多原因之一。我相信，当我们在未来进行回顾时，会发现它的发布对于揭示生态品牌的真正价值具有开创性的贡献。我希望它能成为一种催化剂，推动学界和业界的广泛讨论，从而促进整个体系的发展。

David Roth 罗大卫

The Store WPP 首席执行官、BAV 集团主席

PART 01

第一部分

在不确定的时代
如何为品牌
注入确定性力量

第一章　从理解趋势开始

乘势而动，我们能变得更强大。

想要在充满不确定性的时代中取得竞争优势，企业不仅需要在技术和产品上不断创新，更要通过模式创新为自身构建独特的护城河。其中，品牌范式的创新尤为重要。时代方向、经济特征、用户需求和技术变革等因素铺就底色，品牌范式则在画布上描绘新的图景。

基于企业管理和品牌建设的实践经验，海尔集团创始人、董事局名誉主席张瑞敏先生在2018年首次提出“品牌应该分为三类：在传统时代，是产品品牌；在互联网时代，是平台品牌；在物联网时代，一定是生态品牌。生态品牌和前两者不同，它与用户交互，根据每一个用户、每一个家庭的个性化需求，将个性化数据转化为个性化方案，产品在其中仅仅是载体”[1]。随后，通过研究优秀品牌的实践，并与专家和企业家深度探讨，我们进一步明确了品牌范式的进化历程。

在传统工业时代，经济以生产制造为核心，以服务为支点。用户需要的是满足特定需求的产品或服务，例如日化产品应对健康护理需求、通讯服务解决远程沟通问题。这一时期诞生的是产品品牌或服务品牌。

随着互联网时代的到来，大规模的在线连接成为了可能，平台模式应时而生。平台本身不以生产产品为主线，而是对供给侧和需求侧进行双边智能匹配，通过平台的网络效应，锁定匹配用户个性化需求的对象。例如，社交媒体将用户与用户匹配起来，电商平台将用户与商家匹配起来，流媒体平台将用户与内容匹配起来。这些类型的品牌都是平台品牌的代表。

今天，我们屹立于智能经济时代的潮头，人与物、物与物的互联互通密切空前。用户需要的不再是产品品牌的“点”、平台品牌的“线”或“面”，而是立体的、基于场景的整体解决方案。但是，即便是一个简单的用户需求场景，涉及的行业和品类也很广泛，一个企业无法独立涵盖，这个时候最需要的是企业间通力协作、跨界共创，共同推出整体的解决方案。因此，时代呼唤生态品牌这种新品牌范式的诞生。

生态品牌是通过与用户、合作伙伴联合共创，不断提供无界且持续迭代的整体价值体验，最终实现终身用户及生态各方共赢共生、为社会创造价值循环的新品牌范式。

在充满不确定性的时代，生态品牌所追求的持续迭代、个性化定制化带来了**适应性**和**灵活性**，生态品牌所倡导的联合共创、共赢共生带来了**创造性**和**稳定性**，生态品牌所创造的社会价值循环带来了**社会性**和**进步性**。我们深信，生态品牌的打造能够为品牌注入确定性力量。

高质量发展是我国经济社会发展的鲜明主题，要加快构建以国内大循环为主体、国内国际双循环相互促进的新发展格局。因此，顺应消费升级趋势，提升传统消费，培育新型消费，扩大服务消费，适当增加公共消费，着力满足个性化、多样化、高品质消费需求，成为生态品牌的母题。

与此同时，建设数字中国将是数字时代推进中国式现代化的重要引擎，亦是构筑国家竞争新优势的有力支撑。因此，促进数字经济和实体经济深度融合，以数字化驱动生产生活和治理方式变革，将成为建设规划布局的重点。加入并领导数字化进程是生态品牌的使命。

基于以上生态品牌发展的方向指引和动力驱动，企业需要充分把握用户及其快速变化的需求，以及理解正在探寻升级的产业伙伴真正需要的协同能力，来赢得韧性增长。同时，数字化进程中的创新技术演进将驱动生态品牌范式持续升级，向着打造智能化和可持续的方向进阶，并从用户的体验和终身价值，生态协同共创共赢的增值效用，以及社会价值贡献等多角度探索进化趋势。

1.1 用户与合作伙伴的多元需求，领航生态品牌向智能化和可持续方向进阶

用户在回归消费理性的基调上，继续追求高品质和强体验的生活方式

品牌是消费其产品的用户关于生活和价值观的心智体验集合，关注品牌发展未来趋势的首要因素就是把握用户的变化及其组成

的消费市场动向。在各种因素影响下，世界动荡仍在持续加剧，因此，广大用户正在寻求生活和消费决策中的确定性。值得欣慰的是，相对良好的可支配收入水平和增长态势奠定了市场消费能力和规模回暖的基础；随着疫情后大众的消费需求逐渐稳步释放，积极的消费信心将进一步助推消费意愿提升。

大众消费能力保持稳定

2023年上半年，**全国居民人均可支配收入19672元，比上年同期名义增长6.5%**

数据来源：国家统计局

国内消费市场温和复苏

2023年第二季度，**国内消费者积极情绪**从Q1的56%提升至**58%，同比提升9%**

数据来源：凯度China Issues Barometer

当相对稳定的消费能力以及积极的消费意愿与充满不确定性的时局交锋时，用户的价值主张将趋向长期主义，通过更有规划、更理性谨慎的消费选择来维持生活品质和消费体验。而且，当前用户对智能化生活方式的关注热情日渐高涨，**在消费体验方面更强调主动智能、千人千面和系统生态化的多元需求**。此外，不断进化的用户也期待品牌能够帮助自己塑造可持续发展的新生活理念，达成二次换新、闲置循环等更具社会责任感的绿色行动。因此，与用户深度共创的生态品牌应当锻造自身更强大和更多元的能力来全方位满足用户需求。

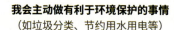

用户展现出更具可持续性的生活方式和消费理念

我会主动做有利于环境保护的事情
（如垃圾分类、节约用水用电等）

我会感恩并保护大自然

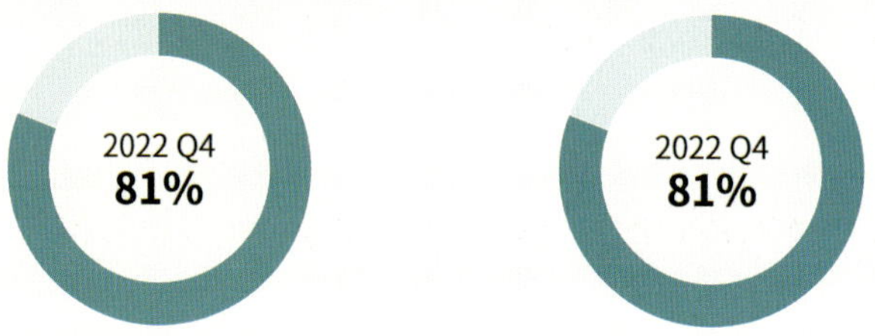

数据来源：凯度 China Monitor 2023 年十大消费者洞察趋势

- 超 70% 中国消费者认为品牌 / 企业和政府应承担更多环保责任，合力贯彻环保理念。消费者期待品牌展示切实的行动和改变，成为可持续生活方式的倡导者和引领者，更成为帮助用户塑造和践行可持续生活方式的好帮手。

产业链路的各个企业，正致力于以创新引领数字化转型和可持续的品牌升级

在充满不确定性的大环境下，品牌是引领企业穿越周期，实现韧性增长的灯塔，亦是帮助企业实现基业长青的压舱石，还承担着彰显企业可持续发展理念和担当社会责任的角色。于企业而言，由内而外的创新在任何环境下都是立身之本和增长原力。随着生态品牌成为企业的发展目标，创新的内涵不单局限在技术、产品或服务层面的创新，更要整合终端用户、供应链上下游及企业自身在内的各方资源和能力，来实现价值共创共赢。

对致力于建设生态品牌的企业而言，数字化转型是实现品牌升级和增长的重要路径之一。**数字化将助力企业打通产业数据链路，接入共享的商业生态，整合各方优势，与生态内其他企业通力合作为生产销售以及用户价值赋能**，从而实现企业与品牌的长效增长，进而达成与合作伙伴的价值共创共享和整体产业链的无限进化。

产业数字化对数字经济增长的主引擎作用更加凸显

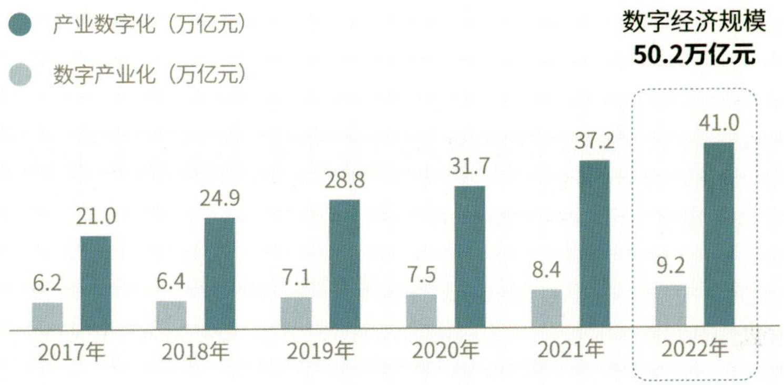

数据来源：中国信息通信研究院

- 在国家强力的政策支持下，2022 年中国的数字产业化规模与产业数字化规模分别达到 9.2 万亿元和 41 万亿元，占数字经济比重分别为 18.3% 和 81.7%。产业数字化对数字经济增长的主引擎作用凸显，数字经济在增长中实现结构优化，从而不断促进产业高质量提升。

1.2 多项技术的创新演进为生态品牌的发展注入核心能量

生态品牌发展的基础设施：5G 技术为生态品牌的高速信息交互奠定基础，工业互联网强化生态伙伴的互联能力

作为建设生态品牌的关键基础设施，保障信息交互高速通畅的 5G 移动网络技术正迅速普及和渗透千行百业。5G 移动网络的性能优点是数据传输速率高、延迟少，还具备高系统容量和大规模设备连接的能力。因此 **5G 网络的发展和应用能将品牌与用户生活、企业生产和社会发展的需求交互延伸形成新的业务**，对数字城市、智能制造、智能家居以及车联网等场景产生深远的影响，从而推进品牌生态化发展。

移动通讯技术飞速发展，信息传输速率进入阶段性高点

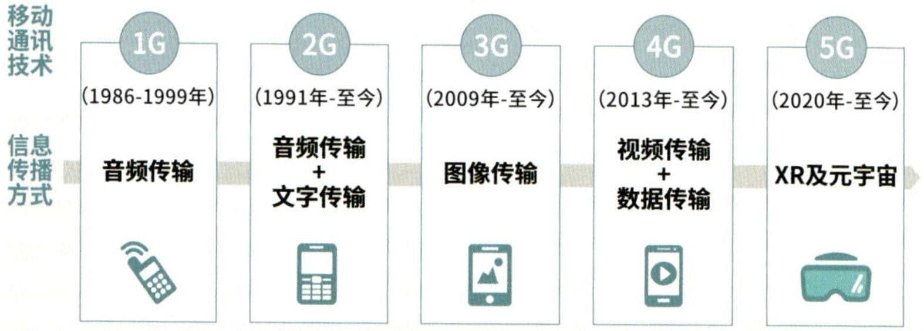

参考资料：艾瑞咨询《2023年中国6G产业研究报告》

5G 网络技术带动用户层面的文字、图像和视频传输进入阶段性高点，未来产业发展势必向企业服务（2B 服务）倾斜。2023 年全球 5G 人口覆盖率约 30.6%[2]，5G 应用融合不断发展，将促进产业链上下游形成跨界协同，在更广泛的市场探索推广新场景，赋能发展新模式。2023 年全球企业服务端的 5G 专网（区别于公用大众网络，为特定行业、特定区域实现网络数据传输）市场规模预计达到 24 亿美元，实现 41.2% 的高速增长，并且全面覆盖工业互联网、文体活动等广泛的行业，以专网模式开拓企业服务领域的能量，为各个行业的生态品牌发展提供更加快速、稳定、优质和专业的基础设施服务。

2022年全球5G应用覆盖行业占比

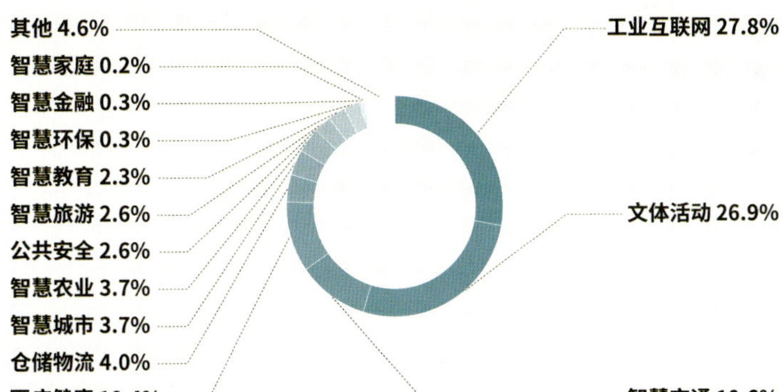

数据来源：艾瑞咨询《2023年中国6G产业研究报告》

生态品牌发展的基础能力：大模型成为 AI 落地拐点，生态品牌需要掌握新的交互方式以及新的生产模式

由人工智能及其相关技术引领的新一轮科技和产业革命方兴未艾，作为核心底层技术，AI 的跨界融合、人机协同、群智开放、自主操控的特征，正在对数字和实体经济发展、社会进步、全球治理等方面产生重大而深远的影响。

2022 年年底，随着 OpenAI 的大语言模型 ChatGPT 的横空出世，人工智能大模型产业和生成式人工智能产业的规模化拉开了序幕。ChatGPT 及其升级模型 GPT-4 在大范围连续对话能力、生产内容质量和语言理解能力以及逻辑推理能力上都得到了跨越式提升，而且其强大的通用性和“类人”语言形式意味着一个新兴人机交互新模态将被广泛接入各行业和商业体系中，成为生态品牌必须掌握的技能，以实现与用户及合作伙伴的智能协作共创。

处在跨越式发展阶段的 AIGC（生成式人工智能）技术，正在重塑图片、视频、声音和对话等多元内容的生产模式和消费方式。**AIGC 高通量、低门槛和高自由度的生成能力将为生态品牌带来强大的交互、共创和迭代的新模式，促使生态品牌整体向高品质和低成本的方向推进。**当然，AI 技术带来创新的同时也存在诸多棘手的问题，包括数据隐私安全和深度伪造滥用，大众认知和商业逻辑的挑战，以及技术高速发展带来的社会伦理冲突等问题，仍需要社会各界共同去理解和摸索解决方案。

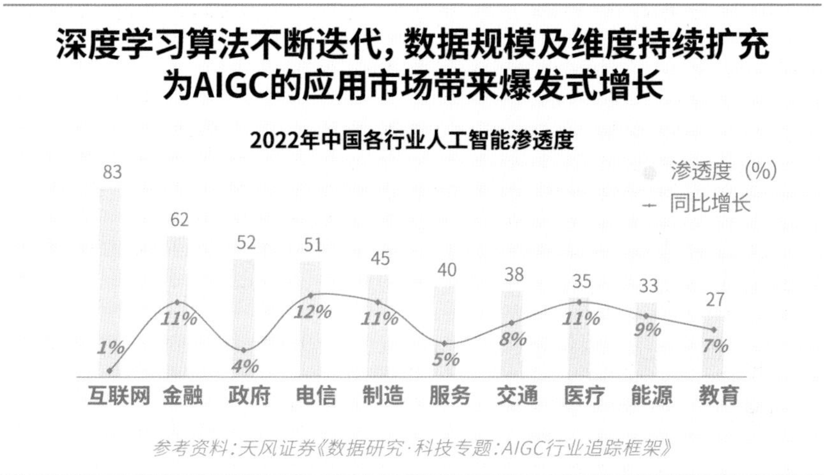

生态品牌发展的基础应用：面向未来的物联网和智能设备升级，生态品牌借力全新的计算平台升级互联共创模式

生态品牌诞生于物联网，因此**打造一个生态品牌，需要的是企业间跨界合作，与用户和合作伙伴联合共创，共同推出整体的解决方案**。而物联网以及物联网上相互连接的各个数据节点背后的智能设备，为生态品牌升级了计算平台和共创模式。

物联网产业的发展在 5G 网络和人工智能等基础技术加持下按下快进键，从 IoT 升级到 AIoT 的物联网不仅是更加智能，还带来新的应用市场机会，包括：消费驱动的智慧住居、智慧交通、智慧物流等；B 端市场中可开拓帮助企业实现“碳达峰、碳中和”必要的智能传感和管控系统，以及 ESG 数据收集及自动呈报流程；当然还有未来将搭载元宇宙的 XR 头显和智能穿戴设备等。基础应用的技术突破将催化出更多新的生态品牌。

物联网在生产和生活方面创造巨大的社会与经济价值

物联网

工业制造

- 工业安全生产管理
- 供应链管理
- 环保优化
- 能源管理

智慧城市

- 感知城市
- 生态城市
- 低碳城市
- 数字城市
- 智慧政务
- 智慧交通
- 智慧旅游
- 智慧物流
- 智慧住居
- 智慧安防

参考资料：易观分析《万物互联，合作共赢：中国物联网行业发展洞察2022》

随着连接技术迭代进步、产业政策持续驱动、下游场景需求并喷式爆发，推进物联网连接数高速增长，物联网拥有万亿市场规模且不断扩大，万物互联是关键。

XR智能设备为生态品牌带来新的协作平台和共创可能性

办公场景

- Meta：元宇宙办公套件
- 微软：全息会议
- Rokid×钉钉XR：个人数字化办公空间
- Metatelling：XR PPT零代码制作工具

生活场景

- 家居设计
- 模拟驾驶
- 家居定制
- 在线课堂

娱乐场景

- 游戏
- 社交
- 影视
- 直播
- 短视频

参考资料：根据公开资料整理

XR头显智能设备在消费市场大规模落地具有可见的未来，生态品牌将在新的交互平台与用户相见，并在新的空间计算平台与生态伙伴创新合作。

1.3 生态品牌未来的核心发展趋势

生态品牌将为用户打造高品质以及可持续的生活方式，并借助智能化的产品或服务实现用户的终身价值

面对个性化且不断迭代的用户需求，生态品牌将以技术为驱动不断促进产品、服务和解决方案的创新，最大化提升用户体验。同时，生态品牌还借助智能驱动的交互平台，理解用户的使用感受并从中获取高价值反馈数据来挖掘未被满足的需求，继而更好地升级产品和服务，达成品牌与用户的共创和商业价值的循环。

生态品牌秉承协同聚合理念，开放包容，共享共创，积极夯实共赢价值

生态品牌与合作伙伴携手在价值共享和韧性共生的道路上前行，以生态为核心，实现数据洞察、应用场景、运营手段等多维度的充分共享，倡导各个层面的技术创新发展，以及产业上下游链路各个企业的相互信任，从而达成深度协同共创。

在实现合作共赢的发展方向上，除了打通数据以及搭建协作平台外，开放生态合作也是极为关键的战略动作。企业在分级管理内部数据的基础上加速内外部数据聚合共享，利用多元化数据不断提高数据质量以及云端数据的可用性，建立互操作性强，灵

活性、开放性高的智能化、数字化平台，打造数据驱动的决策体系，确保数据质量，进而为生态品牌增值。

生态品牌积极践行 ESG，在绿色转型的进程中创新低碳技术，逐步形成绿色产业链，创造可持续发展的社会价值

可持续发展已经成为生态品牌自身及其用户与合作伙伴共同的理念，因此推进环境、社会与治理（ESG）战略对于生态品牌的重要性与日俱增；企业的人才会优先考虑企业是否具备 ESG 的管理，在资本市场中 ESG 也成为企业评级的核心指标之一。在“双碳”目标驱动下，生态品牌将持续以渐进式的研发创新推动全产业的绿色转型。

因此，企业的生产标准需进一步完善，关注生态责任，加快加强低碳生产转型，推动“低碳、零碳、负碳”技术突破，为实现“双碳”目标提供重要支撑。

第二章　生态品牌的进化论

2020 年，凯度集团和牛津大学赛德商学院深入研究海尔生态品牌实践，发布了《物联网生态品牌白皮书》，并由新华出版社正式出版为《物联网生态品牌发展报告》，明确了物联网时代引领型的品牌范式——生态品牌，并确立了生态品牌的定义与标准。

2021 年，凯度集团联手牛津大学赛德商学院、《哈佛商业评论》中文版共同推出了“生态品牌认证体系”，旨在对品牌在生态品牌转型与建设上的进程与成果展开评估。

2022 年，凯度集团、牛津大学赛德商学院以及《财经》杂志联合发起，首次向全球范围内的品牌开放生态品牌认证的申请。在近百家申报品牌中，共有 12 家品牌成功获得生态品牌认证。**这些品牌链接了超过 60 个行业和 20 万家生态合作伙伴，累计年度营业收入超过 1.7 万亿元。**

凯度集团大中华区 CEO 王幸女士（左一）与《财经》杂志社副社长刘霄女士（右一）为上榜品牌颁奖。

- 2022 年 9 月 6 日下午，第一届生态品牌峰会在北京召开。会上正式发布了“2022年生态品牌势能图”，揭晓了第一批成功获得生态品牌认证的品牌，并与多位学术专家、企业家一起，解读全球品牌的发展趋势，共话商业转型和品牌进化的制胜之道。

凯度集团大中华区 CEO、凯度 BrandZ 全球主席王幸女士分享了打造生态品牌的过程中，品牌建设者需要做足的三大功课：一、夯实共生共进，建立共同成长、共同进化的生态思维；二、践行品牌理想，将生态品牌的理念与品牌理想有机结合；三、引领价值创造，着眼于实现“人的价值最大化”。

2022年生态品牌势能图
Ecosystem Brand Energy Map 2022

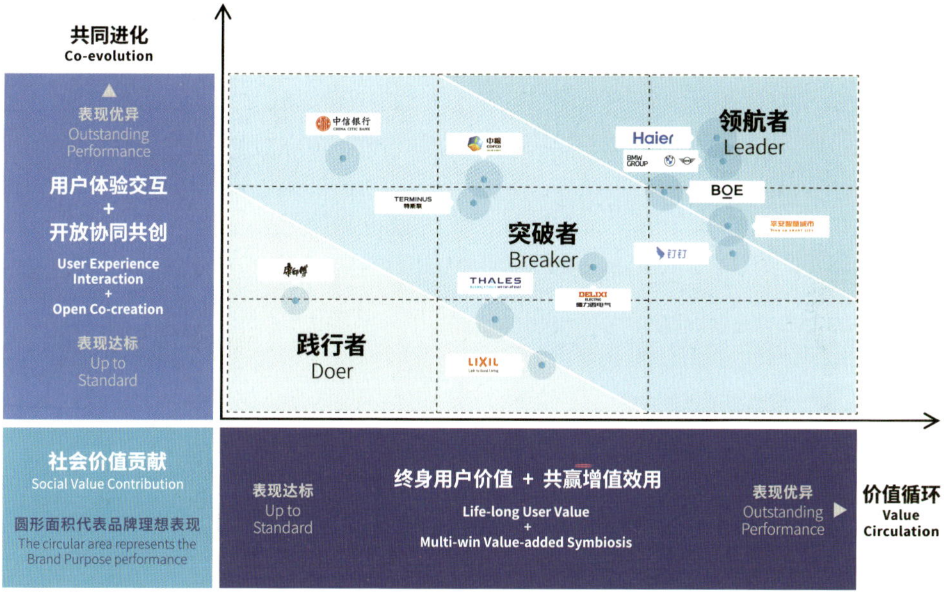

评估时间：2022 年 9 月
Evaluated in Sept. 2022

认证等级定义
Definition of Brand Stages

践行者——有意愿转型为生态品牌，已经有所行动

Doer – intends to transform to Ecosystem Brand and has taken actions

突破者——生态品牌转型取得突破，进展相对较快

Breaker – has transformed to Ecosystem Brand rapidly with key breakthrough

领航者——生态品牌建设取得成果，具有引领作用

Leader – has outstanding achievements and remarkable impact in Ecosystem Brand building

2022 年上榜的生态品牌在用户体验交互、开放协同共创、终身用户价值、共赢增值效用和社会价值贡献等不同维度上为我们呈现了非常亮眼的实践结果。我们对这些生态品牌的实践以及成就进行了精华回顾。（2022 年上榜品牌数据截至 2022 年 9 月）

海　尔

Haier

海尔为用户定制一站式智慧家庭解决方案。通过千次尝试确定最佳数据，海尔食联网推出了家庭版烤鸭、低脂烤鸭等产品，使用户在家中便能享受国宴水准的大师菜。

突出成就

>30万	>20万
只烤鸭销量	道菜搬上年夜饭餐桌

海尔卡奥斯COSMOPlat平台与技术、政府、行业伙伴开放协作，共创共享“数字生产力”，形成工业互联网新生态，并持续分享新增值。

突出成就

品牌方	合作方	
～90万 家企业加入卡奥斯平台	↓ 40% 运维成本	↑ 上千万元 工厂产能

宝马集团

BMW GROUP

全新一代BMW iDrive的HMI人机交互系统，为贴合中国客户需求，针对用户界面和用户体验进行了广泛且规模庞大的调研活动，以带来“常用常新”全生命周期用户体验。

突出成就

~700	6
小时用户调研	种情感情绪视觉设计

宝马集团成立“宝马初创车库”，旨在帮助全球初创企业进入汽车市场。在中国，宝马集团为初创公司提供了汽车行业顶级的开发平台和一流的全球资源，助推创新技术的商业化应用。

突出成就

>100	>50%
家初创企业参与并成功毕业	参与企业选择进一步合作

平安智慧城市

平安智慧城市
PING AN SMART CITY

平安智慧城市通过核心技术ABCD（A为人工智能，B为区块链，C为云计算，D为大数据），全方位赋能应用科技EFGH（E为企业科技，F为金融科技，G为政府科技，H为医疗科技）。

平安智慧城市秉持“优政、兴业、惠民”的建设理念，打造数字智慧城市全面解决方案。如运用大数据等前沿技术推动城市管理手段、管理模式及管理理念创新。

突出成就

助力城市**数字化、智能化**发展转型

突出成就

156	168万	1.3亿
个城市覆盖	家企业涉足	市民被服务

京东方

BOE

在数字文化产业领域，京东方牵头研制H.629.1数字艺术显示国际标准，填补此领域的空白，并联合多方合作伙伴建立产业联盟；构建数字文化内容开放共享平台，促进数字文化产业高质量发展。

京东方率先布局8K超高清显示屏，推出融合5G和AI技术的8K超高清整体解决方案，全球范围内联合通信、视频网络、编解码、播放设备以及整机等上下游厂商，构建8K超高清产业生态。

突出成就

>150	>320	>4万
家联盟成员共建数字艺术体验场景	家权威机构入驻平台	件专业艺术内容供展示

突出成就

推动超高清行业**全产业链升级**

携手生态参与者**共同进步**

钉 钉

钉钉发布APaaS、BPaaS等平台，邀请生态伙伴在平台上搭建个性化场景应用系统，创建“数字化平台+低代码开发工具”的模式，满足个性化需求，助力中小企业数字化转型。

突出成就

品牌方	合作方
>240万 低代码应用被开发	↓25% 操作损耗报废率

钉钉

钉钉借助整个阿里云前线的行业化销售能力以及自身的客群触达能力，助力合作伙伴迅速缩短产品与用户之间的距离，大幅简化商业化链路，减少商业创新的试错成本。

突出成就

~50% 在钉钉上架应用的ISV公司成功融资	平台纯SaaS服务商年融资总额 >60亿元

中 粮

中粮通过深度利益联结、特色产业集群等方式带动上下游产业发展，不断为相关合作伙伴创造可持续的收益，促进农业现代化转型。

突出成就

>74亿元 购买和帮助销售脱贫地区农产品	>5万 人次技术赋能

中粮 COFCO

中粮搭建全球运营网络，与国际社会共同打造稳定、安全、顺畅、高效的农粮产品供应体系，携手应对粮食生产与供给不平衡、气候变化、新冠疫情等全球性难题。

突出成就

>7000万 吨港口中转	>9500万 吨年综合加工	>1.8亿 吨年经营量

中信银行

中信银行推出“信保函—极速开”等便捷服务产品，加快线上产品创新，系统解决了制造业企业供应链融资和结算难题，有效降低了企业融资成本，增强了结算便利，提升了客户体验。

突出成就

↑ 融资便捷性

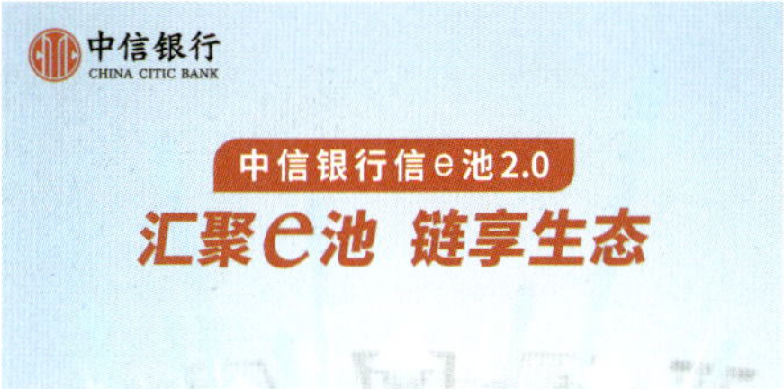

中信银行
CHINA CITIC BANK

中信银行搭建“中信碳账户”，让用户的绿色低碳行为可计量、可追溯，让绿色消费行为数字化、可视化、资产化、价值化，推动绿色低碳广泛融入民众生活。

突出成就

↑ 民众低碳环保意识

特斯联

特斯联为2020年迪拜世博会提供了机器人解决方案，实现了超百台机器人服务世界顶级盛会，真正实现人机共存，提供一站式场景化智能服务。

突出成就

>150 台机器人提供服务	>1100万 人次接待量
>5万 小时累积工作时长	>65万 次语音交互

TERMINUS
特斯联

特斯联的AI CITY产品落地，将庞杂的产业和城市场景降维成多个垂直模块，逐一升级为数字级的行业产品，助力提高产业和城市智能化水平。

突出成就

↓ 90% 案件发生率	↓ 40% 建筑运维人力成本	↓ 30% 能耗

泰雷兹

THALES
Building a future we can all trust

泰雷兹成立智慧轨道交通联合工程技术研究中心，开展产学研合作，联合进行前瞻性产品和技术研发，开展轨道交通技术装备和标准方面的相关研究和孵化。

泰雷兹在全球范围内推广并践行“低碳未来战略”，系统地引导和支持供应商参与碳减排，并启动科学碳目标倡议（Science Based Targets Initiative）认证流程。

突出成就

携手**合作伙伴**
助力**智慧轨道交通**建设

突出成就

预计实现：

新产品和服务项目**100%**采用生态设计	**150**家高污染供应商启动碳减排行动	全产业链实现**50%**碳减排

德力西电气

DELIXI ELECTRIC 德力西电气

德力西电气持续打造供应链体系，为客户提供全新一体化、定制化、创新迭代的应用场景，以数字孪生力不断拓展弹性生产交付能力，构建集成的敏捷供应链管理体系及一体化数字平台。

德力西电气推出“强基计划”，解决合作伙伴拓展业务的痛点，扫除其经营障碍，激发合作伙伴活力和潜力，全面赋能合作伙伴，共同优化业务结构，在市场端实现良性发展。

突出成就

↑ **定制化**服务能力

突出成就

提升合作伙伴竞争力
实现企业、用户与合作伙伴**三方共赢**

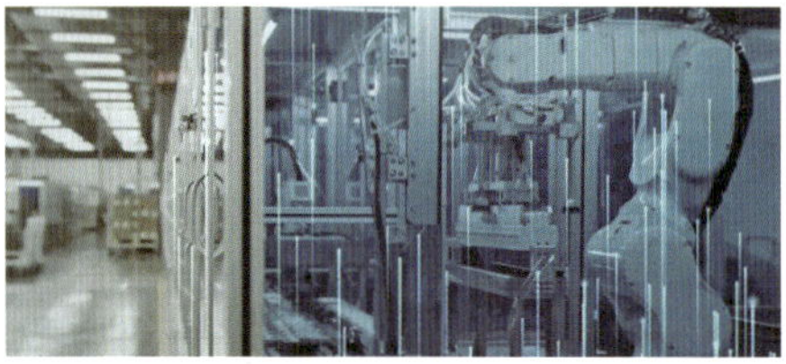

骊 住

LIXIL
Link to Good Living

骊住推出"24小时美骊焕新"服务，借助数字化技术提前与客户进行沟通，通过3D、VR体验空间设计和展示以及骊住标准化流程，在24小时内提供一站式焕新服务。

突出成就

>60
个城市实现服务落地

骊住将可持续发展理念贯彻进发展战略中，推动整个价值链的循环制造。如骊住旗下德国高仪在全球范围开展"减塑倡议"，用可持续性替代品取代产品的塑料包装，在产品全生命周期大幅减少对资源的消耗。

突出成就

全球8家 五金工厂实现碳中和	共推出6款 获得"从摇篮到摇篮®" 循环经济认证产品

康师傅

康师傅

康师傅每年购买大宗农产品数百万吨，直接拉动地区农业经济发展。其中康巴诺尔"国际农业产业园"通过辅导农户种植、严格控制产地端品质与检测监管，推动农业技术升级，拉动地方经济。

突出成就

>4000万 全国农民受益	当地近万名就业名额

康师傅2019—2022年持续为冰雪运动员提供定制产品，2021年向国家体育总局冬运中心交付的二代升级定制产品，并进行了GI（血糖生成指数）检测。

突出成就

满足运动员个性化需求	填补方便食品GI数值空白

2.1 生态品牌认证模型

那么我们是如何具体展开生态品牌认证的呢？

通过对行业专家、品牌专家及物联网领军企业高管的深度访谈，结合国内外市场的社群聆听（Social Listening），我们确立了生态品牌认证评估模型，并于 2021 年、2022 年分别完成了一轮试点验证和一次正式的生态品牌认证评估和发布。

生态品牌认证评估模型围绕**共同进化**、**价值循环**和**品牌理想**三大视角对品牌展开评价，共涉及五个核心维度。

共同进化

生态内的各参与方共生共进，是生态品牌蓬勃发展的必要条件。共同进化表现在品牌与用户持续交互以及与生态合作方协同共创；同时，在品牌构筑的生态中，各参与方之间也能够更顺畅地进行交互与共创，共同推进生态的进化。

我们通过“**用户体验交互**”与“**开放协同共创**”两个维度来对品牌在“**共同进化**”上的表现进行评估。

用户体验交互：评估品牌在与用户持续交互的过程中提供的整体价值体验。

开放协同共创：评估品牌的开放性、共享精神以及与生态合作方的联合共创程度。

价值循环

生态内价值的持续、循环增长，是生态品牌永续发展的充分条件。品牌持续为用户及生态合作方创造价值、传递价值、分享价值，形成循环往复。

在“**价值循环**”视角，我们衡量了品牌在“**终身用户价值**”与“**共赢增值效用**”两个维度的实践表现。

终身用户价值：评估品牌通过体验迭代而创造的终身用户价值。

共赢增值效用：评估品牌为生态合作方带来的增值效用。

品牌理想

为促进可持续发展及提升社会的整体价值做出贡献，是生态品牌的必然使命。品牌理想的核心是“人的价值最大化”，品牌在实现用户、生态合作方、员工价值最大化的同时，也为社会的整体价值贡献力量。因此，品牌理想通过其“社会价值贡献”进行衡量。

社会价值贡献：评估品牌为提升社会的整体价值做出的贡献。

具体评估细则如下：

表 1 生态品牌认证评估细则

评估维度	评估细则	定义
用户体验交互	产品和服务种类丰富	· 业务涉及的行业多样化，为用户提供丰富的产品和服务
	持续交互、迭代创新	· 通过与用户的持续交互，不断推动产品、服务、解决方案的迭代创新
	提供一体化、无缝体验	· 从场景出发，提供一体化、无缝的整体解决方案
	提供个性化、定制化体验	· 基于用户需求，提供定制化、客制化的产品、服务、解决方案
开放协同共创	开放多元	· 生态接入的行业具有多样性 · 生态成员的角色类型具有多样性 · 生态始终保持开放性，确保能不断引入新的生态合作方
	动态优化	· 生态具有动态化的机制，能对生态合作方进行择优汰劣

续表 1　生态品牌认证评估细则

评估维度	评估细则	定义
开放协同共创	共享资源	· 具有共享精神（例如：共享底层技术、数据资源或通用的商业能力）
	促进合作共创	· 能够促进生态合作方实现高效顺畅的合作（例如，设立统一的技术标准、商业行为准则） · 能够让生态合作方充分发挥各自优势，联合共创，共同推出解决方案
终身用户价值	用户优质体验	· 用户能够持续在生态中获得超越期待的体验
	用户共创意愿	· 用户愿意与品牌交互，参与产品、服务、解决方案的共创，从消费者转变为产消者
	用户推荐意愿	· 用户愿意向他人分享优质的品牌体验经历
	用户关联购买	· 用户拥有多个生态产品，或在购买生态中的产品后又购买了其他相关的生态服务
共赢增值效用	让生态合作方获得基于生态模式所产生的新价值和收益	· 生态品牌和生态合作方均实现生态收入的增长
	生态合作方之间的关系紧密	· 通过深化生态内的合作，加强生态品牌和生态合作方之间关系的紧密程度
社会价值贡献	促进可持续发展	· 致力于环境和资源的可持续发展
	赋能美好生活	· 致力于持续不断地改善人们的生活
	赋能产业升级，推动社会经济进步	· 广泛赋能各类企业和创业个体，推动社会经济不断向更高层次发展

基于以上模型，我们通过**品牌受众定量调研**、**品牌案例专家评审**和**品牌关键数据审阅**三大评估方式，对参评品牌开展全方位评估。

品牌受众定量调研	品牌案例专家评审	品牌关键数据审阅

品牌受众定量调研

“生态品牌”这一概念的影响力正在进一步扩大。在 VUCA 时代下，品牌愈加意识到，向生态品牌转型或成为生态品牌网络中的一环，是品牌面对复杂多变的市场环境、提升“黑天鹅”事件应对能力、实现韧性增长的必然选择。因此，相较于 2022 年，越来越多行业和品牌开始拥抱生态，参与生态品牌实践。

二十大报告中强调，坚持把发展经济的着力点放在实体经济上。近年来，国家大力支持专精特新企业发展，推动制造业走向高端化、智能化和绿色化；战略性新兴产业，如人工智能、生物技术、新能源等逐渐成为新的经济增长引擎[3]。随着物联网技术的普及，数字经济与实体经济深度融合也迸发出巨大能量。发展模式的升级从参与生态品牌认证的行业与品牌中也可窥见一斑。

2022 年，根据参评品牌的行业分布，我们共调研了 16 个细分行业，包括汽车制造业、食品制造业、软件和信息技术服务业、互联网和相关服务、金融业等。其中，约 60% 的参评企业隶属于制造业大类。2023 年，参与生态品牌认证的品牌所属的细分行业已经增至 19 个。在参评品牌中，**有 1/4 左右是专精特新企业；约四成的参评品牌立足自身产品和服务，通过协作共创等方式，赋能专精特新企业**，推进制造业向数字化、智能化转型。

根据参评品牌的行业分布，2023 年度定量调研共涉及 120 个品牌，受访者覆盖被调研企业的 C 端消费者、B 端用户及生态合作方，共采集有效数据点超 56 万个。其中 B 端用户及生态合作方的行业分布[①]情况如图 1 所示。

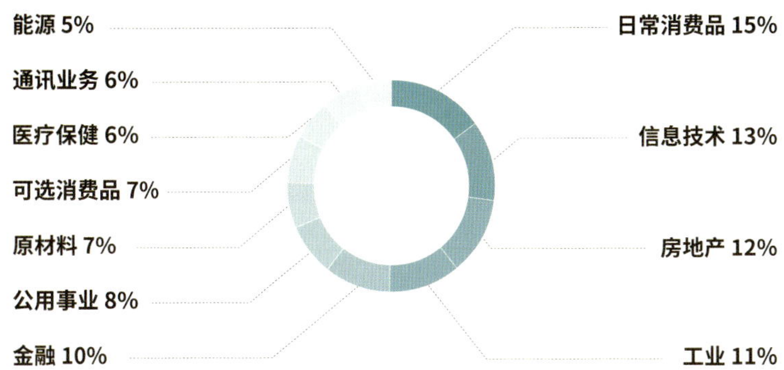

图 1 调研涉及的 B 端用户及生态合作方行业分布

① 行业分类参考标普道琼斯 (S&P Dow Jones) 与明晟 (MSCI) 联合制定的全球行业分类标准 GICS (Global Industry Classification Standard)。

受众定量调研的目的在于收集用户方与生态合作方在与品牌交互的过程中，对品牌所提供的产品、服务、解决方案或生态内合作情况的真实感知与体验，以及对品牌社会价值传递的认可度。基于广泛的受众认知，调研能全面且客观地反映品牌在三大视角、五大维度上的表现。

品牌案例专家评审

在认证申报阶段，参评品牌依据我们提供的申报指南提交了案例及相关数据信息。申报通道关闭后，我们组建了由8位各领域中外专家和学者组成的专家委员会，确立明晰的评审原则，获取专家对品牌案例的评审意见。委员会专家来自不同行业和领域，可以从更加专业、客观的视角出发，结合各行业的生态化进程与特点，对品牌的生态化转型表现进行评估，并为品牌提供未来发展指导。

品牌关键数据审阅

我们结合自有数据库、参评品牌提交的商业数据、品牌公开财报、权威第三方（如标普道琼斯、富时罗素等）数据及社交媒体数据，综合分析参评品牌的表现。

信息爆炸的大数据时代为市场数据获取提供了便利。一方面，**移动互联网的广泛应用使得海量行为数据被记录，数据抓取信息**

化成为必然趋势。另一方面，区别于传统调研获取的横截面数据，**大数据可以持续对同一目标进行长期追踪，实现时间维度的跨越，满足更为复杂的调研需求，弥补调研数据的空缺**。因此，除延续以往评估过程中使用的品牌商业数据外，**本年度将社群聆听（Social Listening）数据纳入分析**，以更为全面地衡量品牌在践行生态品牌范式中的成效。

品牌商业数据包含品牌的财务数据、合作方数量、ESG评级等，多维度评估品牌的财务表现和社会价值。

社群聆听数据主要涵盖品牌在五大核心维度下的品牌声量①及品牌互动量②。其中，品牌声量数据来源于新闻、论坛、微博、微信、电商、电商社区、小红书、短视频、问答九类平台，品牌互动量数据则从微博、微信、小红书、短视频和问答五类核心平台抓取。在评审年度内（2022.4.1—2023.3.31），参评品牌总声量共计约8300万，总互动量共计约54亿。

在每一项评估方式下，各参评品牌均会在五个核心维度（用户体验交互、开放协同共创、终身用户价值、共赢增值效用、社会价值贡献）得到相应的评分。我们对三大评估方式的评分综合计算，得到各参评品牌在五个核心维度的综合评分。

---

① 品牌声量：指特定时期内，在某个/某些媒体渠道/平台上，品牌被提及的数量，是衡量企业舆论影响力的重要指标。

② 品牌互动量：指特定时期内，在某个/某些媒体渠道/平台上，与品牌进行互动的行为总量，包括评论数量、点赞数量、转发数量等。

	品牌受众定量调研			品牌案例专家评审			品牌关键数据审阅			综合评分		
	品牌1	品牌2	…	品牌1	品牌2	…	品牌1	品牌2	…	品牌1	品牌2	…
用户体验交互	XX	XX	…	XX	XX	…	XX	XX	…	XX	XX	…
开放协同共创	XX	XX	…	XX	XX	…	XX	XX	…	XX	XX	…
终身用户价值	XX	XX	…	XX	XX	…	XX	XX	…	XX	XX	…
共赢增值效用	XX	XX	…	XX	XX	…	XX	XX	…	XX	XX	…
社会价值贡献	XX	XX	…	XX	XX	…	XX	XX	…	XX	XX	…

图 2　生态品牌认证评分示例

根据综合评分，可以将参评品牌定位到以“共同进化”为纵轴、以“价值循环”为横轴的象限图中。第一象限即为“生态品牌势能图”，位于第一象限的品牌即获得生态品牌认证的品牌。

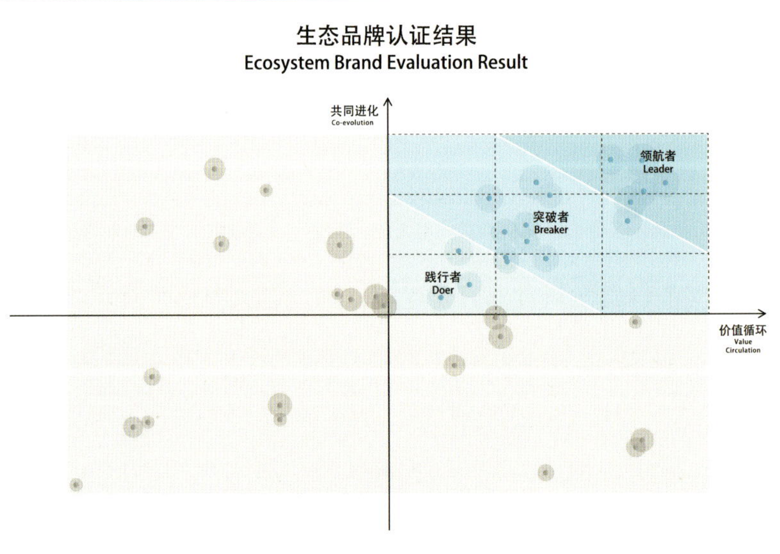

图 3　生态品牌认证结果

具体而言：

纵轴代表了品牌在**共同进化**方面的表现，即品牌与用户持续交互以及与生态合作方协同共创。在共同进化的过程中，品牌本身也会自我驱动成长，不断优化与提升自身表现。

横轴代表了品牌在**价值循环**方面的表现，即品牌所创造的终身用户价值和共赢增值效用。价值循环同时也体现在，品牌在创造价值、传递价值、分享价值的循环中不断进步。

坐标轴内的**圆形面积**代表了品牌在**品牌理想**方面的表现，即品牌为提升社会的整体价值做出的贡献。圆形面积越大表示品牌为提升社会的整体价值做出的贡献越高，反之品牌为提升社会整体价值做出的贡献较少。

基于纵轴、横轴的三等分点，“**生态品牌势能图**”被划分为颜色由深至浅的三个区域，分布于这三个区域中的品牌分别属于“**领航者(Leader)**”“**突破者(Breaker)**”和“**践行者(Doer)**”。

认证等级定义
Definition of Brand Stages

领航者——生态品牌建设取得成果，具有引领作用 Leader - has outstanding achievements and remarkable impact in Ecosystem Brand building	突破者——生态品牌转型取得突破，进展相对较快 Breaker - has transformed to Ecosystem Brand rapidly with key breakthrough	践行者——有意愿转型为生态品牌，已经有所行动 Doer - intends to transform to Ecosystem Brand and has taken actions

图 4　生态品牌认证等级定义

2.2 生态品牌势能图解析

随着企业对高质量发展愈发重视，越来越多的行业与品牌开始认识生态、走近生态、拥抱生态。2023 年共有 18 家品牌成功获得生态品牌认证，相较于 2022 年，生态品牌所属行业覆盖面更为广泛，获得生态品牌认证的品牌也在不断增加。其中，海尔（Haier）、百度（Baidu）、卡奥斯（COSMOPlat）、京东方（BOE）、钉钉（DingTalk）以其在共同进化、价值循环和社会价值贡献三个视角的优异表现成为本年度生态品牌的“领航者”；

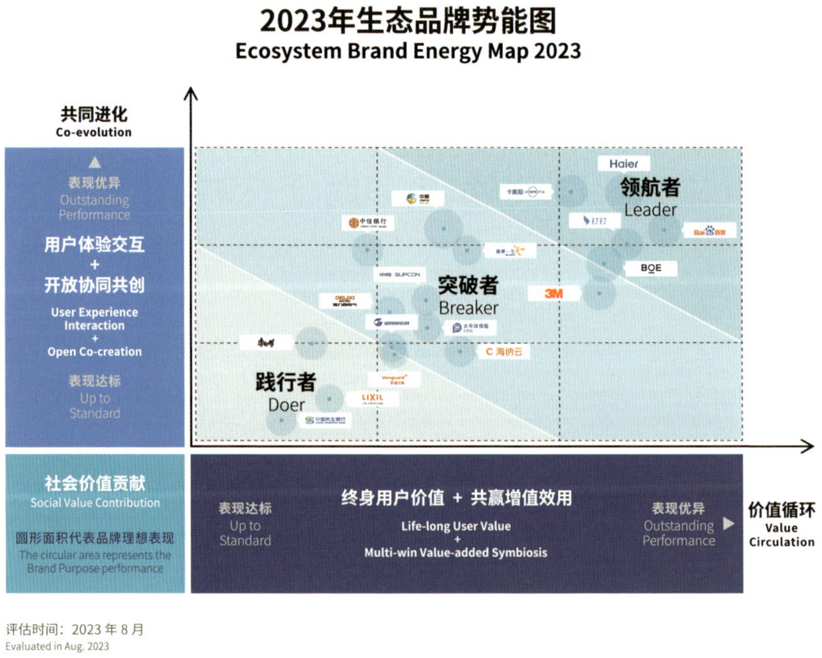

图 5　2023 年生态品牌势能图

中粮（COFCO）、3M、盈康一生（INCAIER）、中信银行（CHINA CITIC BANK）、中控技术（SUPCON）、德力西电气（DELIXI ELECTRIC）、海纳云（Hainayun）、太平洋保险（CPIC）、万华化学（Wanhua Chemical）已然在不断推进生态品牌建设进程，在一个或多个维度表现亮眼，属于“突破者”；康师傅（Master Kong）、华润万家（China Resources Vanguard）、骊住（LIXIL）、中国民生银行（China Minsheng Bank）也在持续践行生态品牌范式，被认证为“践行者”。值得一提的是，2023 年共有 8 个品牌保持强劲优势，二次获得生态品牌认证，分别是海尔（Haier）、京东方（BOE）、钉钉（DingTalk）、中粮（COFCO）、中信银行（CHINA CITIC BANK）、德力西电气（DELIXI ELECTRIC）、康师傅（Master Kong）、骊住（LIXIL）。

成功进入“生态品牌势能图”的品牌（下称“生态品牌”）相较于未能进入“生态品牌势能图”的品牌（下称“非生态品牌”），持续在五个维度体现出显著优势：

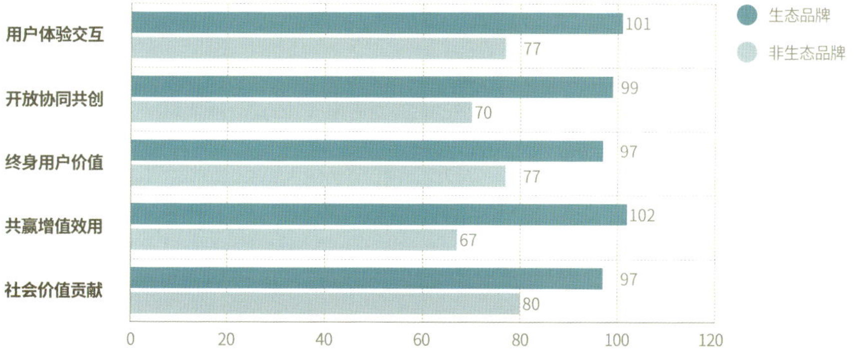

图 6　生态品牌与非生态品牌细分属性表现（指数化得分）

在2023年的生态品牌认证中，我们看到“共赢增值效用”与“开放协同共创”是区分生态品牌与非生态品牌表现最显著的维度。与2022年认证结果相比，这两个维度上生态品牌与非生态品牌的表现差异也在持续扩大。这样的差异是如何产生的呢？**生态品牌深度融合跨行业、跨领域的资源和能力，打破数据、技术、资源的孤岛，实现提质增效、迭代创新和共赢增长，使所有的生态参与方乃至整个社会充分享受到发展的成果。**这是生态品牌的关键标志，也是生态品牌的使命担当。

同时，与2022年相比，2023年生态品牌在“用户体验交互”维度上的表现优势也更加明显。**生态品牌依托生态网络的独特优势进行持续交互、方案共创，能够将一体化、个性化的用户极致体验真正落地。**

因此，我们总结了2023年生态品牌的三大洞察。这是生态品牌在建设实践上向更高一个层级推进的表现。

一、生态品牌将个性化且持续迭代创新的整体价值体验落在实处

对于生态品牌而言，个性化且持续迭代创新的整体价值体验不单是愿景与目标，更是实践与日常。生态品牌对用户洞察的颗粒度可以精细到具体的场景和时段，且能持续动态地捕捉每个社群和个体的需求变化，从而**将用户体验感知的能力与技术硬实力**

相结合，提供精准的定制化、客制化整体解决方案，使用户充分感受到自身的需求被尊重和认真对待。

华润万家旗下 Ole' 精品超市自诞生以来，从未在创新升级用户体验的路途上停歇。Ole' 门店的每一次更新迭代都基于对当下用户需求与情感的深入洞察，开展对未来生活方式持之以恒的探索与实践。Ole' 通过组合搭配各类特色商品，传达出针对不同生活场景的提案，例如使奶酪、火腿等西式美食毗邻酒窖区域，还原西方饮食文化；将“顶尖国货”半荒漠化的盐池滩羊、为全球候鸟带做出贡献的盐田虾等带入 Ole'，让更多具备优质性、稀缺性的源产地商品为广大用户所了解与喜爱。Ole' 用实践传达，线下的实体零售店铺不仅仅是传统意义上陈设和售卖商品的空间，更是**构筑人、物、生活三者之间更为人性化、情感化关联的体验场所**。

骊住则**充分利用科技创新，使用户感受到万物互联、精准感知的智能时代所带来的积极影响**。骊住借助 VR、3D 展示等技术，创新用户购物路径，为用户带来身临其境的卫浴空间体验。在具体服务用户的过程中，骊住通过建立客户数据平台，打通了新零售生态系统、零售管理系统、售后订单协同系统等多个平台的数据，不断沉淀、融合数字资产，以逾 700 个用户标签精度，累积了上百万个用户画像，为全流程、个性化用户服务持续赋能。

二、生态品牌不仅在业务上赋能合作伙伴，还进一步延展到在社会责任履行上赋能合作伙伴

为多元的生态合作伙伴提供创造的土壤、赋能业务增长，一直都是生态品牌的关键特性之一。2023 年，在上榜生态品牌的实践中，我们惊喜地发现，**生态品牌除了创造商业价值之外，还携手合作伙伴，共同“以天下为己任”，承载更宏远的社会理想**。对于生态品牌来说，作为时代的引领型品牌范式，“大要有大的样子”，应发挥引领作用，努力创造更多的正外部性。对于生态合作伙伴而言，他们也有了更多的机会和空间，将自身的力量汇入社会价值的洪流，为增进社会的整体福祉做出贡献。

3M 中国自 2000 年开始实施 3P（Pollution Prevention Pays）计划，从源头上控制，减少生产过程中的污染，创造出绿色环保、节能减排的产品。**3M 不仅集思广益鼓励员工参与 3P 项目，更是将 3P 计划辐射到供应链**，鼓励供应商提供优秀的环保管理解决方案，推动整个生态的可持续实践。

德力西电气通过“强基计划 2.0”和德力西电气学苑全面赋能合作伙伴，解决业务痛点，激发其活力和潜力；同时，携手产业链上下游积极践行社会责任，持续捐建 20 所希望小学，每年定期 100 次拜访敬老院。德力西电气建立的德基金，与合作伙伴广东时代地产旗下的时代基金，联合举办教育和扶贫活动，凝聚和吸收社会上的资源和正能量，更好地回馈社会，树立示范作用。至今，**德力西电气的产业链上下游，已有 50 家经销商及合作伙伴、30**

家供应商被评为社会责任典范企业。

康师傅也积极发挥实体经济优势，带动上下游合作伙伴，共同打造绿色价值链。2022 年 11 月 26 日，由康师傅联合新华网共同编撰的《绿色行动案例宝典》正式发布。《绿色行动案例宝典》不但分享了康师傅的节能减排降碳案例，带动更多企业共同推动“碳中和”目标在中国早日达成，而且呼吁从生产、产品到消费终端的**所有利益相关方参与到减碳行动中来，为实现“双碳”目标共同努力**。作为“减碳友好行动”核心发起企业，以及联合国全球契约组织（UNGC）的 GDI for SDG“缓解海洋塑料污染，助力低碳经济转型”试点项目的创始参与单位，在 2023 年 4 月 22 日世界地球日，康师傅联合环保解决方案合作伙伴、皇冠集团以及国内领先的 PET 板材制造商，实现了饮料瓶循环再利用于拉杆箱的解决方案，受到消费者高度认可，成为皇冠店铺销冠商品，比店铺同等价位（其他材质）产品销量高出 7 倍。康师傅也希望带动更多消费者参与随手减碳的行动，共同助力实现“2030 可持续发展目标”。

三、生态品牌能有效利用其技术能力及资源整合能力，助力社会大型目标的达成，真正实现高质量发展

社会达成大型目标的能力，代表着社会发展的质量。斯坦福大学历史学教授伊恩·莫里斯创建的社会发展指数，用量化的方式衡量发展的本质和规律[4]。其中，大规模的统筹组织能力以及巨

量信息的处理和交流能力，是社会进步和发展的重要标志。而我们能从生态品牌的实践中看到这些能力在闪耀光芒。生态品牌整合产业链上下游资源，共享创新技术、数据资源及通用的商业能力，**从大规模协作、跨区域合作，到畅通国内大循环、促进国内国际双循环，做出了卓有成效的贡献**。生态品牌不是简单地达成目标，而是在**高质量地达成目标**。

以杭州亚组委联合钉钉打造的全球首个大型体育赛事数字办赛一体化平台“亚运钉”为例。杭州亚运会筹办涉及众多单位及各类人员，确保协同工作，实现横向到边、纵向到底的高效沟通，是亟待解决的难题。亚运钉赋能团队管理统筹，目前已纳入数万筹办人员，**赛时将支持数十万的工作人员和志愿者的工作**。亚运钉提供了统一的在线知识协同平台，支持授权人员协同修改并保留修改痕迹和历史版本；其沉淀的名称术语、客户群管理、业务领域运行、场馆运行等重要政策文件，形成了**“亚运数字资产库”**，方便各方获取，让筹办人员高质高效上手工作。亚运钉正是生态品牌资源统筹能力的一个场景应用体现。

三星堆古遗址被称为 20 世纪人类最伟大的考古发现之一。海尔积极发挥自身优势，**充分利用科技能力及生态整合能力，破解文物保护难题，助力遗迹科考**。遗址挖掘现场对温湿度、洁净度和气流有极高的要求，同时要求具备远程监控、现场空气质量数据实时监测、空气质量异常信息预警等功能。海尔与四川省文物考古研究院首创“考古物联环境云平台”，提供智慧洁净空气解决方案、智慧空气调控系统和恒温恒湿除菌智能展示柜，从挖掘保护到存储展示，全流程助力三星堆文物挖掘和保存；与此同时，海尔还提供了移动式三维扫描空间探测技术及数字孪生技术，高效、精准地采集考古现场数据，实现发掘过程的实景化存档，为千年文物穿上“科技防护”。

2023年生态品牌发展的三大核心洞察及品牌们的生动实践，充分展现了生态品牌的高质量发展之路。生态品牌积极响应**创新发展**和**共享发展**的理念，全方位赋能合作伙伴，共同推进个性化和持续迭代的用户体验落地，使高品质的产品服务惠及所有用户；生态品牌坚定推进**绿色发展**和**协调发展**的方向，携手生态合作伙伴共同履行社会责任，有效利用技术能力及资源整合能力，不断推动社会经济的转型和升级，实现更高质量、更可持续的发展。

ECOSYSTEM BRAND EVALUATION
生态品牌认证

生态品牌能够与用户和生态合作方建立更深的连接，从而激发更主动、高频和高质量的共创。生态品牌不仅能不断拓宽应用场景和应用范围，敏捷响应甚至预测用户需求，还能借助生态内共赢共生的动态合作机制，最大程度地提高生态合作方的共创意愿与共创度，推动产业进步。

通过打破数据、技术和资源的孤岛，整合跨行业、跨领域合作伙伴的资源和能力，生态品牌帮助生态合作方提质增效、共赢增长，以生态的确定性对抗外部的不确定性。越来越多的品牌加入到生态品牌的行列，建立起一个个互生共赢的生态系统，不仅让自己变得更加强健，也为世界带来宝贵的增长、进步和希望。

王幸

凯度集团大中华区 CEO、凯度 BrandZ 全球主席

PART 02 第二部分

解锁共同进化引擎之力

第三章　卓越体验为先

——没有完美的产品，只有向完美不断迭代的体验

用户是生态品牌持续稳定发展的核心要素[5]。**“以用户体验为中心”**是物联网时代的核心特征之一，物与物之间的互联互通使得用户不再满足于单个产品或服务，基于场景的整体化解决方案逐渐跃升为用户的主要需求[6]。因此，以用户为中心，为用户提供良好的产品和服务体验，并不断实现产品和服务的迭代更新是生态品牌的重要表征和发展方向。

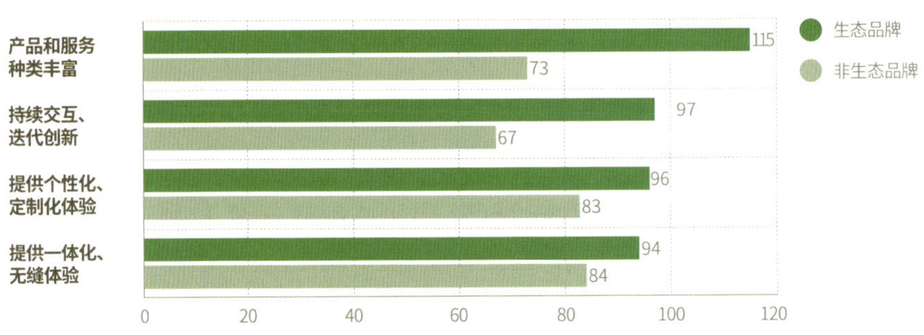

图 7　用户体验交互维度：生态品牌与非生态品牌细分属性表现（指数化得分）

“用户体验交互”评估了品牌在与用户持续交互的过程中提供的整体价值体验。在该维度下，生态品牌区别于非生态品牌的核心要素是“产品和服务种类丰富”，其次是“持续交互、迭代

创新”，与2022年保持一致。且在“产品与服务种类丰富”上，生态品牌相较于非生态品牌的差异优势不断拉大。良好的用户体验不仅需要品牌能够提供完整的、一站式的产品和服务，还需要满足用户的个性化需求、提供定制化体验，生态品牌在这两个要素的指数化得分上领先于非生态品牌，且相较2022年，生态品牌的领先优势基本保持不变。生态品牌在持续为用户提供一体化、无缝体验的基础上，能够不断与用户交互，进行产品和服务的迭代更新，构建丰富的产品和服务矩阵，形成良性循环。

- **产品和服务种类丰富是提供卓越用户体验的基础**。该要素是本维度下生态品牌指数化得分最高的要素，也是区分生态品牌与非生态品牌的核心要素。随着用户对整体化解决方案的需求增长，生态品牌能够依托多样化的生态合作伙伴，不断拓展和优化生态网络下的产品与服务矩阵，为用户打造场景化、一站式的优质体验，构建并强化了品牌护城河。

- **与用户持续交互、实现迭代创新是生态品牌长久发展、实现纵向升级的必要条件**。正如海尔集团创始人张瑞敏先生所说：“广义的质量是用户满意，是用户体验，是通过交互来不断迭代的[7]。”交互是生态的基础，品牌需要持续不断与用户进行主动或被动交互，来满足用户快速变化、不断衍生的新需求。相较于非生态品牌，生态品牌拥有强大的生态网络，能够以场景中的不同产品与服务为触点，持续不断与用户进行交互，精准分析、精确提取用户痛点和需求，实现更具优势的迭代创新。

- **提供个性化、定制化体验是顺应市场发展的自然结果**。随着用户的消费需求不断细分，用户越来越重视个人的主观感受，小众消费、圈层经济崛起[8]。在卡尔·古斯塔夫·荣格的心理学理论中，个性化是人走向自我的过程，从市场维度来看，满足用户的个性化需求、提供定制化体验在一定程度上能够帮助用户实现自我表达。相较于非生态品牌，生态品牌能够真正以用户为中心，借助广泛的生态合作伙伴网络及持续的用户交互机制，把握关键用户洞察，满足其个性化、定制化需求。

- **提供一体化、无缝体验是品牌发展的关键实践**。在物联网时代，用户已经不满足于品牌提供单一的产品或服务，而对品牌基于场景提供整体解决方案的能力提出了更高的要求。因此，相较于非生态品牌，生态品牌多样化的产品与服务矩阵在构建场景化解决方案中无疑具有更大优势。

接下来的案例从多方面展现了品牌如何以用户为中心，持续进行交互，创造优质的用户体验，为品牌的生态实践提供可行性思路与参考范式。

案例一：领航者
海　尔

Haier

海尔一直以用户需求为“第一”创新动力，以用户满意为“唯一”考量标尺。为解决冰箱异味这个困扰用户和行业多年的难题，海尔 HOPE 创新生态平台联合行业专家和技术合作方，深入开展科技攻关。此前，相关研究仅停留在单一食品和实验室阶段，参数、标准无法达到市场化要求。**在海尔牵头下，各方团队进行联合攻关，攻克了技术雏形中的效能、时长、稳定性等问题**，最终将全球首创的可视化、智慧化六合一电子鼻技术率先应用在海尔冰箱上。**通过航天级的气味传感技术，联动智能算法，让冰箱主动感知、主动优化**，实现除菌、除味、除乙烯、防霉、除农残、除病毒、一级健康保鲜与智慧净化，为用户带来了更加健康的全新体验。不仅如此，海尔冰箱还能联动海尔智家大脑和海尔烤箱等其他智慧网器，为用户提供健康美食烹饪解决方案。搭载新技术的海尔冰箱一经问世，便受到广大消费者的好评，首发销量超 7 万台。

海尔始终与用户需求同频，通过源源不断的原创科技迭代用户最佳体验，为用户定制智慧美好生活。

专家评语

王幸

凯度集团大中华区 CEO、凯度 BrandZ 全球主席

海尔高度重视科技创新，持续与用户交互共创，通过智慧网器的主动感知与主动优化，为全球用户带来全方位的智慧生活体验。

案例二：领航者 百　度

飞桨是百度自主研发的中国首个开源开放、功能丰富的产业级深度学习平台，集核心框架、基础模型库、端到端开发套件、丰富的工具组件于一体，使深度学习技术研发的全流程都具备了显著标准化、自动化和模块化的工业大生产特征，持续降低应用门槛。飞桨助力开发者快速实现 AI 想法，创新 AI 应用，**作为基础平台支撑越来越多行业实现产业智能化升级**。截至 2023 年 7 月，飞桨平台上已凝聚 750 万开发者；截至 2022 年 11 月，飞桨平台已创建 67 万个 AI 模型，服务 20 万家企事业单位，位列中国深度学习平台市场综合份额第一。

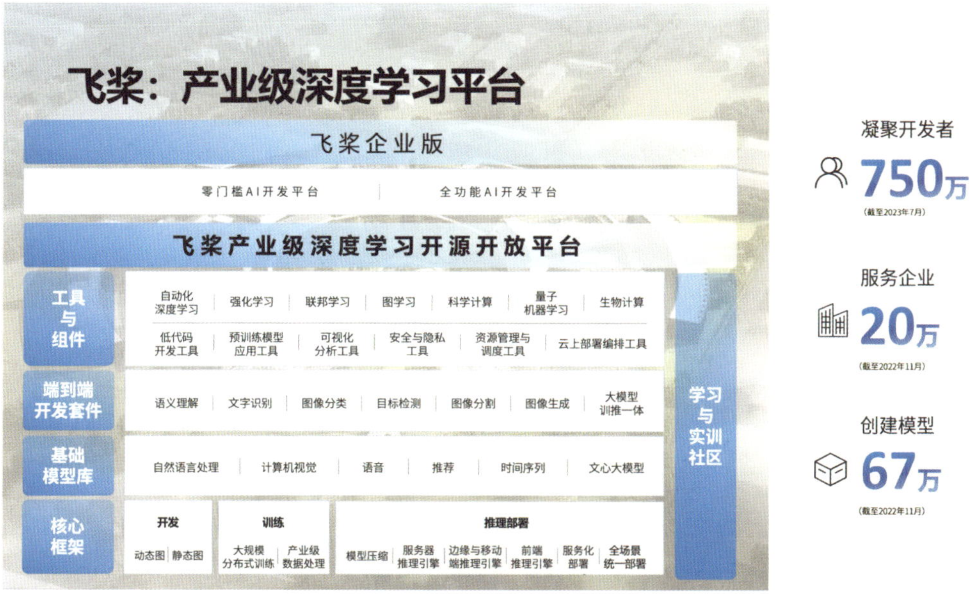

飞桨源于产业实践，始终致力于与产业深入融合。在**工业领域**，依靠飞桨，菲特检测技术公司将变速箱铝压铸件误检率大幅降低，实现一台设备运行一天抵 6 人 12 小时工作量；柳州源创电喷技术有限公司快速完成喷油嘴零件瑕疵判读的无人化，效率提升 30%；信润富联 CTO 冯建设在百度飞桨深度学习平台开源时序建模算法库 PaddleTS 的加持下，推出了汽车零部件制造场景的精密制造在线异常监测系统 MachineProphet，及时发现生产过程中的机器设备异常，缩短 40% 计划外的停机时间，避免 95% 以上的生产批量异常并及时对异常原因追根溯源。在**能源领域**，浙江能源集团利用飞桨开发了一套电厂设备故障智能预判系统，可根据设备输入的各项信息进行故障预判，自动分析故障的原因及可能产生的后果，还能自动推送故障针对性维护方案以及历史故障案例信息，有效提高了电厂设备故障抢修的效率，减少人力消耗，提升电厂设备的整体运行效率。在**交通领域**，成都国铁电气设备有限公司基于飞桨解决 AI 算法难题，研发了一套“轨道在线智能巡检系统”，实现了对轨道巡检图片的实时检测。该系统可同时安装到工程作业车和运营电客车上，能够在不影响电客车正常行驶的情况下，全天候对轨道缺陷实施智能判断，目前已在深圳地铁的相关线路上试运行。在**农业领域**，飞桨与京东方后稷、裕农联合打造了有 AI 参与建设的智慧植物工厂。通过机器 24 小时自动照看、多方位呵护蔬菜生长采收，保障粮食安全。基于百度 AI 技术算法构建的克重识别模型，通过拍摄的图片就判断出蔬菜重量，以及其生长是否健康、能否采收，识别准确率达到 95% 以上；

通过飞桨 EasyDL 平台的目标检测模型实现自动识别常见昆虫，识别精度达到 90%，能第一时间发现害虫、降低损失。

专家评语

王幸

凯度集团大中华区 CEO、凯度 BrandZ 全球主席

百度秉承“用科技让复杂的世界更简单”的使命，以互联网及 AI 强大的优势为基础，打造开放生态，链接用户及各行各业，为用户及合作伙伴提供创新及科技价值，推动生态圈成员的正向价值发展。

案例三：领航者
京东方

在过去的30年间，京东方（BOE）带领中国显示产业实现了从无到有、从有到大、从大到强，站稳全球半导体显示龙头企业位置。京东方始终以“技术+品牌”双价值驱动，赋能各类智能终端产品。2021年12月，京东方发布了中国半导体显示领域的首个技术品牌，包含高端液晶显示技术ADS Pro、高端柔性显示技术f-OLED和高端玻璃基新型LED显示技术α-MLED，开创了**“技术+品牌”双价值驱动**的同时，成为行业发展的重要新纪元。

京东方将智能硬件、智能软件、工业设计、人工智能、物联网、

大数据、行业云、边缘计算 8 个核心技术平台共同组成了整体、有机的物联网总控平台，**形成软硬融合的应用场景系统解决方案，赋能智慧金融、智慧园区、工业互联以及教育教学等千行百业**。

创新视觉艺术，京东方自主研发设计的巨型“雪花”装置在全球瞩目的冰雪赛事上大放异彩；赋能金融机构，京东方智慧金融解决方案为工行、建行、农行等多家银行近 25 个省份超过 3200 个网点提供服务；运营智慧园区，京东方助力景德镇构建起涵盖管理、服务、运营三方面的智慧园区解决方案，用技术实力诠释了全场景、全要素、全周期、端到端的物联网创新引擎；惠及零售行业，京东方智慧零售解决方案覆盖全球超过 60 个国家的 3.5 万家门店。

专家评语

王华

法国里昂商学院副校长、亚洲校长、亚欧商学院法方院长

“屏即终端，屏即系统，屏即平台”是京东方很好的战略定位。基于场景，从硬件向软件，再向解决方案提供扩展，是实现京东方与关联企业价值共创的重要战略。

案例四：突破者
3M

3M™ VHB™ 现场挤出式胶带是一种高强度压敏胶，提供即时粘接强度，应用快速简便，并提供客户所需的耐用性。这种为自动化量身定制的新型粘接方式**重新构想了胶带，为生产流程中提供了更快、更简单、更可持续的解决方案**。现场挤出式胶带对许多基材都具有出色的粘接力，在某些情况下几乎不需要表面处理；并且具有拉伸移除功能，可以确保轻松、干净地移除已经贴附的胶带，减少废品废料和返工。

3M™ VHB™ 挤出式胶带将 3M™ VHB™ 胶带系列的最佳品质与液态粘接剂的柔韧性相结合，避开了两者的缺陷。虽然液体粘接剂在应用地点和方式方面具有出色的灵活性，但它们可能会

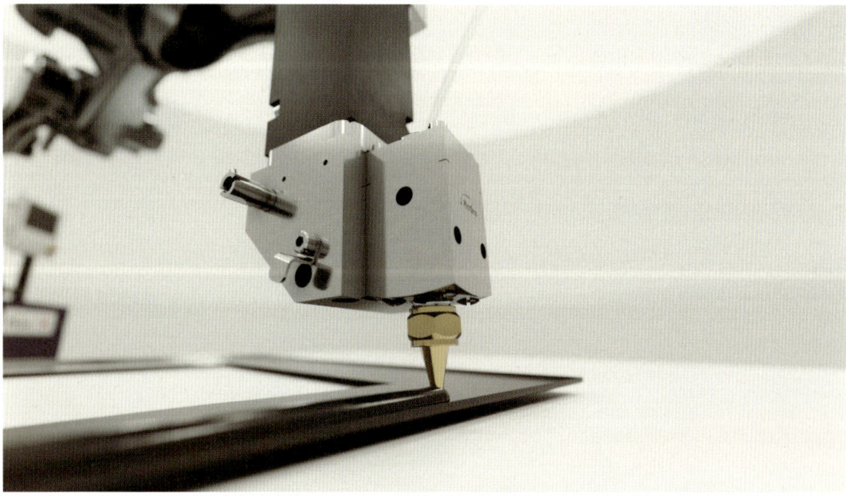

造成生产工序的凌乱、难以处理、增加浪费并需要更长的固化时间——所有这些都会增加生产时间和总体成本。相比之下，3M™ VHB™ 挤出式胶带从易于存储的毛线卷中挤出，无需离型和存储设备。3M™ 现场挤出式粘接系统（与诺信公司合作设计）使 3M™ VHB™ 现场挤出式胶带几乎可以在任何地方点胶。材料可以立即粘合，具有即时的粘接强度，从而显著简化并加快了生产流程。

专家评语

陈宇新

上海纽约大学商学部主任
纽约大学斯特恩商学院市场营销学教授

作为一家世界领先的著名科技创新企业，3M 生态品牌建设的独特性在于其与本土化、多元化战略的紧密结合和相辅相成。通过“扎根中国，服务中国”，3M 长期以来致力于服务中国客户、合作伙伴和社会，创造了巨大的经济价值和社会价值。其成功经验值得相似企业的借鉴。

案例五：突破者
海纳云

海纳云打破常规，为解决老旧社区改造中遇到的改造技术、验收标准不统一，住户意见多和满意度差等共性难点，以新思维搭建“1+3+X”模式，即一个平台（城市绿色智慧社区服务平台），3 大改造板块（社区综合整治、配套提升工程、智慧社区建设），以及向 X 无限进化的能力。

在胶州旧改项目中，海纳云联合政府成功将老旧小区的各个改造点联结为有机整体，使得社区中人口、房屋、车辆、时间等基础数据与空间地理信息互联互通，同时建立“五码关联”的统一数据库，打通公安、教育、民政等政府部门与社区之间连接渠道。此外，该模式还通过创新型的政企合作关系，满足社区可持续发展、自我造血、自我迭代需求。海纳云**以建设“以人为核心”的新型智**

慧城市为出发点，在改造中可为老旧小区打造智慧出行、周界防护、高空抛物监测、智能垃圾分类、智慧消防等多种智慧场景。以高空抛物监测为例，海纳云研发的800W像素高空抛物专用AI摄像机，可进行图像的高清及远距离采集，自动识别高空抛物行为并且主动告警和存档视频图片，自动锁定做出高空抛物行为的窗口所在单元和户，便于及时安排人员进行现场处置和事后责任追溯。

目前，海纳云已完成胶州市24个社区改造，共覆盖227栋楼，受益居民2.6万人。改造后，居民生活、物业服务和政府管理效率显著提升，实现物业等运维管理人员成本降低50%、安全风险降低90%、服务居民满意度提升至90%、公共安全事件追溯率100%、消防隐患100%预警、社区应急响应提升100%。海纳云成功打造了全国老旧社区改造的“胶州样板”，并推广复制到济宁、聊城、玉树、阜阳、荆州、东营等多个城市。

专家评语

王华

法国里昂商学院副校长、亚洲校长、亚欧商学院法方院长

在胶州的老城区改造应用场景中，海纳云通过数字化，真正实现以用户为中心，打通政府多个部门的行政管理边界，并对政务效率的提升、用户满意度的提升起到作用。这就是数字化的力量。

案例六：突破者
太平洋保险

太平洋保险（简称中国太保）践行“以客户为中心”的经营理念，打造“责任、智慧、温度”的“太保服务”品牌。

在智慧科技化特色服务方面，中国太保**创新“客户场景定制”服务，精准判断客户意图，实现千人千面推送，提供一揽子服务解决方案**，包括客户服务断点主动推送入口，实时解答。截至2022年年末，中国太保上线8项定制场景，智能应答率93%。建设理赔工厂，聚焦60%小额、低风险案件，以20%人力服务40%案件，通过视频“0”秒直连，日响应服务量12000件。

同时，中国太保持续升级智能运营能力，提供高效服务水平：完成核心业务系统分布式改造，对常见的承保操作可达到“亿级用户秒级响应”；基于保险理赔海量数据和最新AI图像识别技术

打造车辆智能定损产品“太·AI”，实现秒级定损、分级赔付；运用机器人流程自动化技术建立“黑灯工厂”，批量自动处理标准化作业，替代完成人工任务超过百万件，大幅提升日常运营工作效率。

在打造适老服务方面，中国太保**搭建“线上＋线下”相结合的适老服务体系**，改造完善适老“轻技术”开发应用，实现60周岁以上客户一键接入人工服务；同时，做实传统柜面人工专属服务，为老年人提供专享通道、按需设立“长辈窗口”，择优选配专员随身服务，为老年客户提供预约上门服务。

专家评语

刘学

北京大学光华管理学院组织与战略管理系教授

太平洋保险创新“客户场景定制”服务，精准判断客户意图，实现千人千面推送，提供一揽子服务解决方案，持续深化门店服务线上化转型；围绕国计民生，加大与战略客户等合作伙伴之间的生态链接，创造合作共赢典范标杆。

案例七：践行者
华润万家

Vanguard 华润万家

华润万家秉承“引领消费升级，共创美好生活”的使命，**持续通过多业态优化、全渠道模式经营发展，致力于成为用户喜爱的全渠道零售商，为商圈居民构建黄金社区、共创美好生活**。

以为用户优选好品为目标，华润万家通过源头直采、焕乡基地建设等方式为用户寻找更多中国特色乡村健康好物，广受用户喜爱，2022 全年累计销售额超 60 亿元。华润万家旗下中高端品牌萬家 CiTY、blt 和高端品牌 Ole'，在 13 个专业品类中全球寻源万余款商品，并基于用户需求研发自有品牌商品。依照“对环境

友好，对自己有益”的环保标准，华润万家及旗下品牌筛选引入了超过 2000 种绿色商品，尽力满足顾客对绿色生活的追求。

华润万家在为用户带来新体验方面，开展“美好田间，向往生活”用户基地考察活动，通过邀请用户参观华润万家生鲜供应基地和万家生鲜检测室，让用户沉浸式地体验蔬菜从田地到餐桌的全过程最严格的监控体系。

华润万家通过“萬家 App”“智慧零售”等新服务方式提升门店服务质量，链接线下 3000 余门店。2022 年“萬家 App”为超 500 万家庭用户提供超 3300 万次服务，为消费者带来全渠道多场景的便利体验；门店内为消费者提供便民服务，门店外在全国 28 个省创建了 1000 余家红色驿站，累计开展活动 5000 余次，成为满足社区消费者美好生活需求的温暖小屋。

专家评语

刘学

北京大学光华管理学院组织与战略管理系教授

华润万家作为布局全国的连锁零售企业，秉承“引领消费升级，共创美好生活”的理念，持续通过多业态优化、全渠道模式经营发展，为构建方便舒适的社区服务、创造美好生活，做出了一定的贡献。

案例八：践行者·生态飞跃之星 骊住

LIXIL
Link to Good Living

在“用户体验交互”维度，生态品牌“践行者”的表现在2023年实现了9%的增长。其中，骊住坚持“以用户为中心”，通过数字化转型、科技创新塑造了卓越的用户体验，在该维度品牌表现的年增长率达到了24%，在所有“践行者”中表现突出，成功获得2023年生态品牌认证“生态飞跃之星”。作为全球化的品牌，骊住以多样化的品牌和产品矩阵为不同国家和地区的用户提供定制化产品体验；同时，骊住通过构建线上线下互通的大零售生态，搭建客户数据平台，实现了海量用户数据的动态获取和持续不断的用户交互，为用户提供了优质的使用体验，驱动了商业价值增长。

秉持着“以人为本”的宗旨，骊住不断深入洞察不同地区消费者的市场需求，并通过骊住旗下德国高仪、美国美标、日本伊奈和骊住厨房四大品牌，发挥多品牌多品类的战略优势，满足广大消费者对品牌与产品的个性化需求。同时，骊住利用品牌协作优势，构建出3“C”洁净标准，通过乐享净、水瓷超净、除菌净离子等前沿科技以及先进的感应技术和无接触技术，为消费者提供了更便利、更舒适的整体洁净卫浴解决方案。

面临传统制造业的变革趋势，骊住制定了三位一体的战略方向，通过产品升级、业务模式升级和服务升级，致力于为消费者提供无界且持续迭代的整体体验。在数字化转型层面，骊住与国内知名电商平台达成战略合作伙伴关系，拓宽电商、社交电商渠道，创新消费者购物路径，并借助 VR、3D 展示等新技术，**为消费者带来身临其境的卫浴空间体验**。

此外，骊住通过构建大零售生态，针对传统零售门店向 O2O 门店的数字化转型，提升门店在流量、管理、营销和客户维护等方面效率的同时，在重要门店搭建云店网络，实现线上线下流量互通。通过建立客户数据平台，骊住打通了新零售生态系统、零售管理系统、售后订单协同系统等多个数据平台，不断沉淀、融合数字资产，为零售持续赋能。目前，**骊住以逾 700 个标签精度，累计了上百万个用户画像**；其所成立的消费者俱乐部，亦**实现高达 16% 的会员支付转化率**。

专家评语

陈宇新

上海纽约大学商学部主任
纽约大学斯特恩商学院市场营销学教授

骊住致力于打造以卓越产品为核心的多品牌、多品类生态品牌体系，以消费者洞察和先进科技为驱动，创造了令人瞩目的商业成功和社会价值。

案例九：践行者
中国民生银行

2021年以来，中国民生银行推出服务专精特新客户的整套产品和服务体系“民生易创”。“易创”专属产品体系根据企业不同成长周期存在的差异化需求进行整体设计，涵盖“投、融、富、慧”四大系列产品，为客户提供股权融资、债权融资、账户管理、咨询顾问等**多方位金融服务，覆盖企业的全周期、全场景和全生态**，向企业提供“商行＋投行”“股权＋债权”“融资＋融智”的综合化金融服务方案。“易创”产品推行后，民生银行跟踪聚焦专精特新客户市场需求，不断优化迭代，推出了“易创贷”2.0版本。截至目前，民生银行已服务专精特新客群客户超1万家。

未来，民生银行将继续聚焦“民营企业的银行、敏捷开放的银行、用心服务的银行”战略定位，**积极打造投融资生态圈，为**

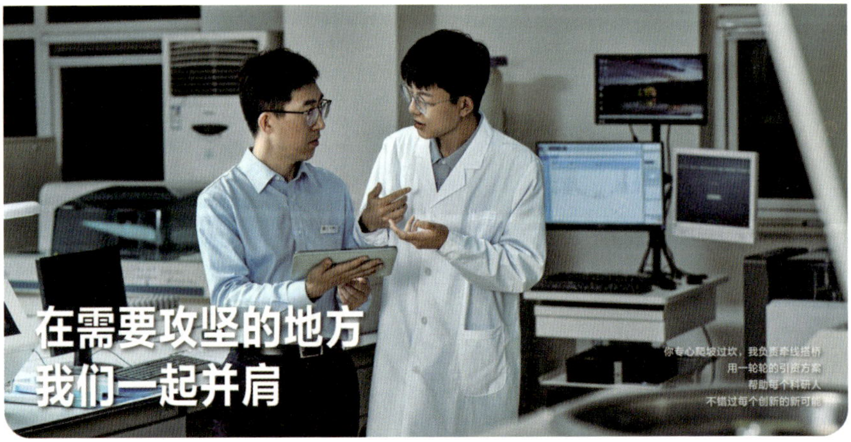

客户提供高效、敏捷、用心的金融服务，充分发挥服务民营企业、绿色经济、科创企业、中小微企业、乡村振兴新经济体的特色与优势。

专家评语

于保平

复旦大学管理学院商业知识发展与传播中心主任

中国民生银行以“一个民生”协同体系，打造了“用心服务的银行”的生态体系，调动每个环节的价值能力和价值贡献，服务了美好生活。

第四章　开放共创聚势
——生态雨林，所有参与方握指成拳聚力同行

在生态品牌的发展进程中，品牌需要吸纳多方加入并构建动态调整机制，生态中的成员可以来自不同行业或在价值链上承担异质性角色，发挥生态各方专业优势，实现协同共享，联合共创。

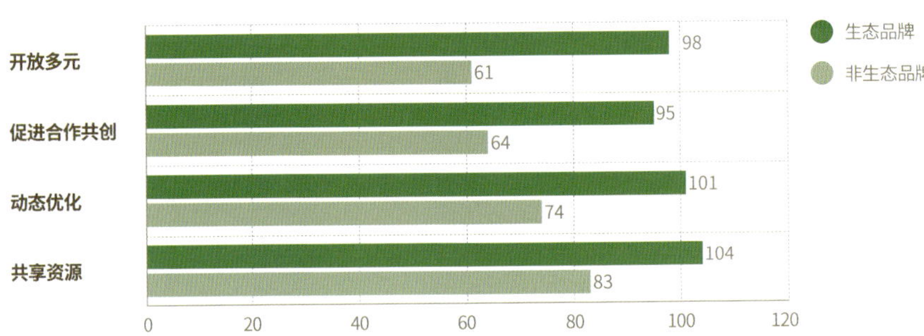

图 8　开放协同共创维度：生态品牌与非生态品牌细分属性表现（指数化得分）

“开放协同共创”评估了品牌所构建的生态体系的开放性、多元化程度以及品牌与合作伙伴之间的交互程度。不同于 2022 年，2023 年我们将“开放多元，动态优化”要素进行了展开，分别分析“开放多元”和“动态优化”对生态品牌的影响。2023 年，在“开放协同共创”维度下，“开放多元”成为生态品牌区别于非生态品牌的核心要素，且生态品牌的领先优势相较 2022 年有所增加。其次，“促进合作共创”也是生态品牌与非生态品牌产生差异的

重要因素，生态品牌相较于非生态品牌的领先优势与 2022 年基本一致。与 2022 年相比，生态品牌在“动态优化”上相较于非生态品牌的优势也略有增大。

- **开放多元是构建生态品牌的根基**。与生物学中的“物种多样性”类似，生态品牌能够汇聚多元化、跨行业的合作伙伴，生态中的成员各自担任不同的角色，发挥各自专业优势，相互作用，互为补充，共同打造成一个完整、稳定的生态网络。这对品牌的专业能力、商业资源等都提出了非常高的要求，因而“开放多元”也就成为“开放协同共创”维度下最能区分生态品牌与非生态品牌的要素。

- **深度合作共创是实现生态品牌互利共赢的重要途径**。在 VUCA 时代下，品牌需要进行价值整合。相较于非生态品牌，生态内品牌的合作共创能够根据生态各方的角色定位，有效发挥不同品牌的专业优势，通过顺畅、高效的资源共享与相互赋能，达到“1+1>2”的效果。

- **动态优化是品牌在生态化进程中的自然规律**。相较于非生态品牌，生态品牌在发展过程中势必要引入大量的、跨行业的生态合作伙伴，在不同的发展阶段，品牌对生态合作伙伴的需求会不断革新。与此同时，生态合作伙伴自身也处于动态发展的进程中。因此，为保持生态网络的健康发展，生态系统需要建立动态机制，对生态合作方进行择优汰劣，实现资源的合理配置。

- **共享资源是品牌实现开放协同共创的基础**。随着经济社会的数字化特征愈发明显，企业的数字化转型成为必然趋势[9]。数字经济与实体经济的融合对企业的资源开放提出了更高要求，共享资源成为企业数字化转型的基石。生态品牌在企业数字化转型中走在前端，具有与合作伙伴共享底层技术、数据资源的能力，可以且愿意打破信息壁垒、技术壁垒，实现企业间的信息互通，实现共赢；同时，生态品牌依托其丰富的行业经验和前沿的技术、管理模式，能够为中小企业赋能，带动中小企业共同进步，实现价值增长。

以下的案例呈现出不同行业通过开放多元、协同共创，实现价值共赢的有效实践。通过数据互通、资源共享、技术赋能等方式，品牌能与合作方进行深度联结，最终实现多方的互利共赢。

案例一：领航者
海　尔

海尔依托近四十年的智能制造和数字化转型经验，打造了卡奥斯工业互联网平台，**构建起多边交互、共创共享的生态体系，实现全流程、全要素、全价值链的生态增值**。

在跨行业合作方面，海尔卡奥斯与奇瑞汽车、海螺型材等行业头部企业共建垂直领域工业互联网，赋能企业数字化转型。海尔卡奥斯与奇瑞联手打造汽车行业首个大规模定制工业互联网平台，建立大规模、个性化定制的新型生产模式，针对主机厂、上游零部件企业、下游经销商、其他离散制造 4 大类用户，沉淀工业机理模型及微服务 80 余个，赋能 398 家零部件企业，帮助企业将不入库率提升 10%，**为建立大中小企业融通的供应链创新生态，形成自主可控、安全可靠的生产供应体系提供坚实保障**。目前奇瑞全球 16 个制造工厂和 2000 家零部件企业全部上平台，助力奇

瑞生产效率提升 30%，销量提升 28%。

在跨领域合作方面，海尔卡奥斯赋能企业从“企业数字化”迈向“数字化企业”。以“智能化制造”赋能链传动企业征和工业为例，海尔卡奥斯帮助企业突破“卡脖子”技术难题，将生产效率提升 80%，研发周期缩短 10%，**成功入选国家专精特新“小巨人”，迈上了高质量发展的新道路**。

在跨区域合作方面，海尔卡奥斯首创的“1+N+X 工业互联网赋能模式”为城市构建立体化的赋能新范式，将企业串联成链，将产业集结成网，帮助城市“补短板、强弱项、增优势”，目前已在山东青岛、四川德阳、安徽芜湖、江西景德镇等城市落地，助力经济高质量发展。

专家评语

陈宇新

上海纽约大学商学部主任
纽约大学斯特恩商学院市场营销学教授

海尔作为全球生态品牌建设的引领者和推动者，一直以来是这一领域的表率企业。其将生态品牌理念融入到给合作伙伴的整体解决方案中的创新做法，令人耳目一新，具有很强的借鉴意义和推广价值。这一帮助生态合作伙伴们打造其自身的生态品牌的理念和实践，将带来海尔创新共生型生态圈的指数级成长和进一步繁荣。

案例二：领航者 京东方

BOE

京东方在为客户创造商业价值的同时，高度重视为利益相关方创造社会价值。京东方作为全球半导体显示产业的龙头和物联网领域全球创新型企业，**以“深度合作，协同开发，价值共创”为理念，希望能带动产业链上下游协同创新，进行技术研发和产品共创，塑造更大的产业价值**。

近年来，5G+8K 技术不断把体育赛事及重大活动的观看体验推上新高峰。京东方不仅推出了融合 5G+AI 技术的 8K 超高清整体解决方案，更持续推动 8K 超高清产业生态链发展以及 8K 技术的应用、普及和迭代。2022 年，由京东方深度参与的《“百城千屏”超高清视音频传播系统公共显示屏系统（室内 LCD）技术要求》团体标准由世界超高清视频产业联盟（UWA）正式对外发布。该标准规定了“百城千屏”超高清视音频传播系统和超高清 LCD 2D/3D 室内公共显示屏系统的技术要求，**为项目的实施提供了有效的标准依据**，并对“百城千屏”在全国范围内的规范性推广具有重大指导意义。

数字艺术也是京东方“屏之物联”战略赋能应用场景的重要业务之一。京东方旗下京东方艺云持续推动创新科技与文化艺术深度融合，牵头制定了全球首个数字艺术显示国际标准，**填补了数字艺术显示领域的国际标准空白**。同时，京东方以此为基础，联合技术端、内容端、应用端合作伙伴建立了 H.629.1 数字艺术显示国际标准产业联盟，共同推动文化产业协同创新。截至目前，联盟成员单位已超 240 家，包括中国美术馆、中国艺术研究院、中国国家图书馆等一众知名文博机构及众多文化产业知名企业。

专家评语

陈宇新
上海纽约大学商学部主任
纽约大学斯特恩商学院市场营销学教授

京东方作为领先的物联网创新企业，创造性地发展了以“屏”为核心优势的“1+4+N+ 生态链”。其对“百城千屏”技术标准制定的深度参与，很好地体现了京东方作为技术品牌在生态体系中的核心基础地位。展望未来，京东方可以在“技术 + 品牌”双价值驱动中，进一步提升品牌的软实力和在生态圈中的感召力。

王幸
凯度集团大中华区 CEO、凯度 BrandZ 全球主席

京东方作为半导体显示产业领先企业，带领中国显示产业实现从 0 到 1 的突破。京东方在多个领域中建立行业标准、联盟，与合作伙伴共同发展，协同创新，以“屏之物联”打通全球的千行百业，持续创造商业价值及社会价值。

案例三：突破者 · 生态飞跃之星

中　粮

在“开放协同共创”维度，2023 年生态品牌“突破者”的表现基本保持稳定，而中粮的年增长率达到 16%。中粮凭借全球性开放、全产业链协同运营的优势，获得了 2023 年生态品牌认证“生态飞跃之星”。中粮因地制宜，携手当地政府与农户推行个性化合作模式，同时深度赋能农业生产与加工行业，减少了粮食损耗，推动从粮食生产到运输全链路降本增效，持续为全产业链的生态合作方创造价值。

中粮依托国内外、上下游一体化协同的运营优势，持续关注利益相关方的价值诉求，重点聚焦共建“一带一路”、推动

乡村振兴及保障食品安全等领域，不断引领全球农粮产业现代化发展。

作为农粮行业“走出去”的领军者，中粮积极与“一带一路”沿线国家在农粮食品领域**开展投资、贸易、技术等合作，不断拉动区域发展，提供市场机遇，推动建设开放型世界经济**。在柬埔寨，中粮自2014年以来便将其作为重要的大米进口地，进口大米量占柬埔寨大米出口总量的约40%，为柬埔寨稻农开辟了周边临近的最大市场。同时，通过为柬埔寨提供农业科技指导，中粮大大提高了当地的稻谷单产、总产和加工产能，并带动了当地烘干、仓储、物流设施系统的建设。在泰国，中粮创新鲜木薯发酵生产工艺，解决当地农户“卖薯难”问题，既降低了公司高价干薯的采购量和仓储成本，也带动了当地农民就业、增收。

作为国内农粮行业的“领头羊”，中粮坚持长期扎根乡村，**紧紧抓住“产业振兴”这个牛鼻子，推动乡村全面振兴，促进共同富裕**。在黑龙江延寿县，中粮根据当地突出的稻米种植优势，导入优质资源，以“订单农业”推进当地水稻种植、加工、品牌及基础设施建设，提升水稻溢价能力，带动就业；在黑龙江绥滨县，由中粮和绥滨县政府牵头，集合多家单位，共同出资7000万元打造“公司+合作社+农户”的绥滨模式，2022年分红1180万元，让农民持续分享产业增值带来的收益。

专家评语

刘学

北京大学光华管理学院组织与战略管理系教授

中粮作为全球布局、全产业链经营的国际化大粮商，在中国乃至世界的农产品采购、储存、加工、运输和贸易等环节举足轻重，以市场化的方式高效保障粮油肉糖等产品的供应，为产业链各环节的利益相关方创造了重要的价值，为保证社会稳定和可持续发展做出了重要的贡献。

费利佩·托马斯

牛津大学赛德商学院市场营销学副教授
“未来营销倡议组织”研究学者

作为农粮行业领军者，中粮积极关注生态圈内合作伙伴的价值诉求。例如，在柬埔寨，中粮在农业科技引进及知识指导方面树立了良好的榜样。期待中粮未来可以更有效地利用生态系统的力量，促进更多更深的合作共创。

案例四：突破者

盈康一生

以盈康一生生命科学产业海尔生物医疗在航空温控领域的探索实践为例，公司链接科技高校、航司、国家民航局等生态方共创，逐步闯过三大关卡——技术壁垒、供应链垄断和标准缺失，制造出了拥有中国完全自主知识产权的主动式航空温控集装箱。以紧急泄压机构为例，公司自主研发的主动式航空温控集装箱能够满足相当于飞机高度在 1 秒内从 13715 米降到 1830 米的泄压要求。研发时为了攻克这项难题，**公司与高校共创设计了 10 多种方案，一次性通过民航局的目击试验**。此外，在缺少审定基础的前提下，

公司与民航局一起制定审定基础，**共创 18 项实验审定标准，最终仅用 1 年时间就实现了技术突破，走完国外 8 年才走完的路**。最终，主动式航空温控集装箱实现了箱体内部温度的精准、均匀控制和全自动实时记录，续航时间延长近 50%，温度控制功耗降低 20%，用箱成本降低了 30%—50%，让航司运输更具可靠性保障。

目前，公司已经拥有自己的主动式航空温控箱生产线，并初步完成全球化布局，推进航线网、运营网、维护网三网建设，运维网已覆盖北、上、广、深等国内重点城市和西欧、北美等国外发达地区，与多家航空公司签订了合同，打破各自为战的经营模式，链接药企、航空公司、机场、货运代理、MRO 等上下游生态资源，成立了全球首个航空温控产业生态平台。

专家评语

王华

法国里昂商学院副校长、亚洲校长、亚欧商学院法方院长

盈康一生生命科学产业海尔生物医疗在航空温控领域的探索实践，未来也值得在医疗大健康领域中，做进一步的生态构建，以此能够提升行业的整体水平。

案例五：突破者
中信银行

中信银行 CHINA CITIC BANK

中信银行在对内合作方面，与集团内子公司加强融融协同和产融协同，为小微、涉农客户**提供一站式、定制化、多场景、全生命周期的专业化服务，有效扩大服务半径，形成互利共赢的合作关系**。例如，在服务科创企业方面，中信银行将为高价值科创型小微企业提供“科创 e 贷”信用融资作为契机，与中信证券、中信建投建立联合服务团队，帮助企业尽快对接资本市场；协同金石投资、中信建投资本、中信产业基金等，为企业提供股债结合融资服务，助力企业引入优质背景股东。

截至 2022 年年末，中信银行对国家级专精特新“小巨人”企业授信覆盖率超 30%，针对专精特新小微企业，专门研发的“科创 e 贷”信用贷款已支持近 3200 个客户，投放金额超 200 亿元。

中信系券商保荐北交所上市公司数量、金额占比约 17%，落地了多个市场第一单。

在对外合作方面，中信银行与新兴科技公司、传统核心企业、大型平台等机构在场景对接、数据共享和风险分担等方面**开展“开放、共享、联结”的跨界合作，将多类型、标准化的普惠金融服务进行模块化解耦和重构，深度嵌入产业互联网，广泛联结合作伙伴，大幅提高金融服务效率和质量**。目前，中信银行已与超过 1 万家企业建立了“开放、共享、共赢”的合作关系。

专家评语

陈宇新

上海纽约大学商学部主任
纽约大学斯特恩商学院市场营销学教授

中信生态品牌建设的主要特色是多方位整合优质资源，促进合作伙伴和各类客户（政府、企业、个人）之间的互动、学习、交流和创新，共同创造巨大的经济价值和社会价值。

案例六：突破者

德力西电气

2021 年，德力西电气推出了强基计划，希望建立一个良好的生态体系。2022 年，德力西电气升级推出“强基计划 2.0”，全面赋能合作伙伴从 sell in 到 sell out 转变，解决业务合作伙伴拓展业务的痛点，扫除他们的经营障碍；**提升业务合作伙伴的信心，激发其活力和潜力，共同建立良性、健康的市场，促进行业可持续高质量发展**。

德力西电气一方面通过开放数字化学习平台——德力西电气学苑，让合作伙伴在平台自主挑选课程，免费学习，并获得课程证书。这样既可以**链接上下游合作伙伴，又能提升上下游的整体能力**。

另一方面，德力西电气通过定期组织线下活动，如电工技能大赛、线下学习会等活动，从技能、专业知识全方位提升合作伙伴，实现与合作伙伴共赢。

专家评语

于保平

复旦大学管理学院商业知识发展与传播中心主任

德力西电气以“强基计划 2.0”赋能合作伙伴，解决业务合作伙伴拓展业务的痛点，激发了产业链上下游的活力和潜力，从而促进行业可持续高质量发展。

费利佩·托马斯

牛津大学赛德商学院市场营销学副教授
“未来营销倡议组织”研究学者

德力西电气“强基计划 2.0”是其生态系统之旅的开端，利用生态系统优势在业务全流程赋能合作伙伴，包括解决业务痛点、拓展业务边界等，满足生态圈内合作伙伴的价值诉求。随着协同共创结果的日益明朗，该计划更加值得关注。

案例七：突破者
海纳云

海纳云

国内各层级的政务服务部门普遍存在政务服务窗口监控功能单一、精准服务能力不足、前端显示系统繁多等问题。为此，海纳云基于丰富的感知设备，通过 AI、大数据等技术，将实景中所有的人、事、物在数字世界形成虚拟影像，通过搭建数字孪生高度可视化智慧管理平台，实现“一屏统管”“一网通办”，并通过几十项 AI 算法，上线行为分析、人员轨迹分析、办事时长监测等功能，**变“被动服务”为“主动服务”**。例如，平台可以主动分析每个窗口的办事效能，窗口前排队人数过多时主动发出预警，提醒管理者增开窗口避免市民超时等待等。**不仅能给市民带来智慧化、便捷化的服务体验，还能帮助管理者提升工作效率，实现智慧监管。**

以青岛市行政审批局的项目为例，其设有政务服务窗口共 400

余个，可办理事项 2300 余项。通过海纳云的数字孪生高度可视化智慧管理平台，如今的青岛市民中心已融合“线上办、远程办、自助办和就近办”等 24 小时服务及线上面对面服务，上线企业注销、建筑工程施工许可等 16 个行政审批数字化服务场景，审批效率提升 50% 以上，助力政府持续改善社会民生建设，创造高品质生活。

海纳云智慧政务解决方案的推广和实施，**不仅减轻了政府和市民的负担，为市民提供了更加高效、便捷、优质的服务，也大幅提高了市民满意度和政府公共服务水平，为进一步推动政府数字化建设注入了新动力。**

专家评语

于保平

复旦大学管理学院商业知识发展与传播中心主任

海纳云的政务解决方案，以提升政府工作效率和效果为显性目标，最终提高了政府公共服务的能力和市民满意度，创造了社会价值。

作为第二部分的总结，我们将深入解读钉钉的案例，展现品牌如何通过塑造卓越体验以及推进开放共创，解锁共同进化引擎之力。

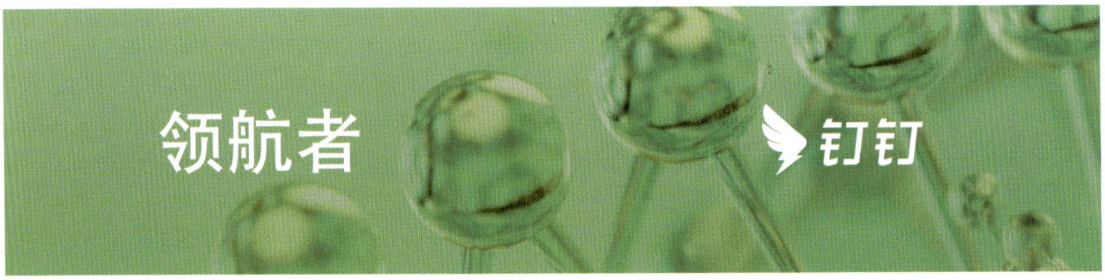

有零有食 CEO 陈世伟说：“宜搭既轻又快。轻是轻操作，简单的拖拉拽即可完成应用搭建，同时轻成本，大幅度降低了有零有食进行系统开发的费用；快是快速迭代，个性化更新，自定义应用功能解决企业痛点。加上对钉钉酷应用的使用，群内卡片

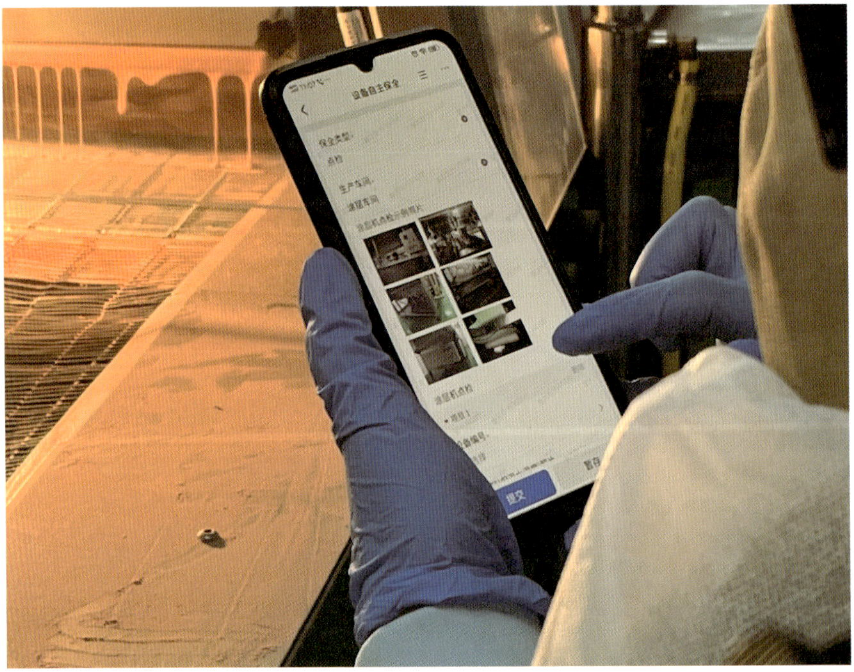

吊顶展示，让业务变透明、串联企业内外、有效提高企业工作效率，总而言之会 Excel 就会宜搭，人人都能成为低代码开发师！”

钉钉宜搭致力于帮助企业**将碎片化信息集中管理、分析，打造协同、数据驱动的敏捷组织**。福建企业有零有食，便通过钉钉宜搭及酷应用打破信息壁垒，提升上下游协同效率，真正实现了数字化转型。

有零有食成立于 2016 年，目前员工 500 余人，是一家集研发、生产、销售为一体的现代型食品公司，专注于冻干食品的研发与销售，年产值 5 亿元以上。

有零有食在以往的运输流程中，仓储物流部人员、承运商、分公司及客户分散四处，没有可以进行信息统筹的平台，信息分散难调用，只能通过电联告知承运商存在运输订单委托，后续的运输订单信息状态仅靠 Excel 进行信息录入。货物是否及时运输至客户方、运输过程是否有破损或丢失，仓储物流部人员一概不能实时跟进记录，只能被动等待承运商邮寄客户签收订单截图，多环节沟通存在壁垒。不仅运输费用结算周期长，承运商的服务质量不可控，企业也无法对承运商的实力进行评估与考核。

使用了钉钉低代码平台宜搭及酷应用的解决方案后，有零有食实现了**承运商 KPI 完成可视化，货物实时跟踪，费用快速结算**。以前 20 多家承运商在数字化管理后精减为 5 家。通过酷应用的吊顶卡片，有零有食不仅实现了运输信息实时更新群内可查；单击卡片内容跳转至后台查看对应承运商运输情况；还能根据实际数据考核物流公司服务质量，有效对承运商进行管理；每笔运输费用线上确认，统一核算口径，降低各方的沟通成本。

除了仓储物流部门借力钉钉酷应用解决业务问题外，工程设备部的业务人员也在用钉钉酷应用助力业务场景优化。过去，工程设备部每天有十多条生产线、200多台设备需要进行巡检，除去每天早中晚各一遍的固定巡检任务，还有设备维修、生产设备保养等任务，工作量庞大，信息上报通传是个大问题。两年前只能用厚达200页的表格簿填报巡检信息，难免会出现业务人员漏填、误填的情况，不仅不能对生产车间的设备进行质量考察，也不能精准考核业务人员的工作能力。

使用钉钉酷应用后，吊顶卡片及群内消息提醒能够帮助负责人实时了解设备巡检、维修情况，不仅**使业务人员工作透明化、信息传递及时化，**还可以通过后台检修时长考核业务人员工作效率，并且能够通过后台数据核验生产设备是否老化，判断是否有更换设备的需要，防患于未然，**大大提升了工程设备部的工作效率**。

在学习和使用宜搭的过程中，有零有食的业务人员们发现，不会代码也可搭应用，**每个人都能成为企业数字化转型的核心推动者，加速企业数字化升级**。各业务部门和数字化中心深度共创，应用宜搭加速推动了仓储物流协同系统TMS、工程设备管理系统TPM等应用落地。单从TMS软件的采购成本和运输成本来计算，有零有食一年就可以**节省上百万元的系统开发费用**。宜搭应用功能全面、搭建便捷，在**降低企业数字化转型成本的同时，也让业务人员的核心竞争力得到快速提升**。

有零有食用钉钉宜搭及酷应用走出了一条适合新零售食品行

业各业务场景的数字化道路。未来，有零有食将继续应用钉钉宜搭搭建更多贴合企业需求的应用场景。

管理痛点

1 **产品运输流程信息管理难：**仓储物流部人员、承运商、分公司及客户分散四处，没有可以进行信息统筹的平台，信息分散难调用。

2 **工厂人员及设备信息管理难：**车间设备数量多，报检请修信息不规范，易出现漏洞；不仅不能对生产车间的设备进行质量考察，也不能精准考核业务人员的工作能力。

赋能效果

1 **运输信息全流程把控：**实现业务在线，沟通在线；承运商 KPI 完成可视化，货物实时跟踪，费用快速结算等。

2 **设备及生产全链路透明：**报修业务一站式解决，设备巡检、维修、保养等数据清晰透明；业务人员考核有迹可循，设备是否需要淘汰有数据支撑。

附加增益

数字化转型成本降低：一年节省上百万系统开发费用，加速企业数字化升级。

人力资源高效利用：不会代码的业务人员也可以搭应用，成为企业数字化转型的核心推动者。

ECOSYSTEM BRAND
EVALUATION
生态品牌认证

在高频率的、长期的依存关系背后，基本逻辑是生态各方在价值创造过程中所做出的贡献与分享到的价值，应该是基本平衡的。只有这样才能够形成比较稳定的长期交互，并且在过程中不断迭代演进。

如今我们所处的时代，颠覆性创新频出。作为一个拥有生态系统的企业，自身具备独特的资源和能力；同时又拥有广泛的外部合作网络，知道这些跨产业、跨地域的合作伙伴拥有怎样的资源和能力，就可以深入客户的场景中，真正理解客户的需求和痛点。那么当颠覆性技术出现的时候，就能更好地找到转型方向，更有效地整合互补资源，在颠覆性创新的时代变得更强大。

刘学

北京大学光华管理学院组织与战略系教授

PART 03

第三部分

捕捉价值循环增长之美

第五章　造就终身用户
——敏捷响应用户需求，造就超越期待的体验

正如我们在 2020 年《物联网生态品牌发展报告》中所说，“终身用户”是指对生态保持高黏性的用户，是拥有高体验度、高共创度和高关联购买的用户[10]。生态品牌通过为用户提供优质的使用体验，促使用户主动与品牌进行互动，参与品牌共创，并自发成为品牌的推荐“大使”，增强用户黏性，实现用户价值沉淀。

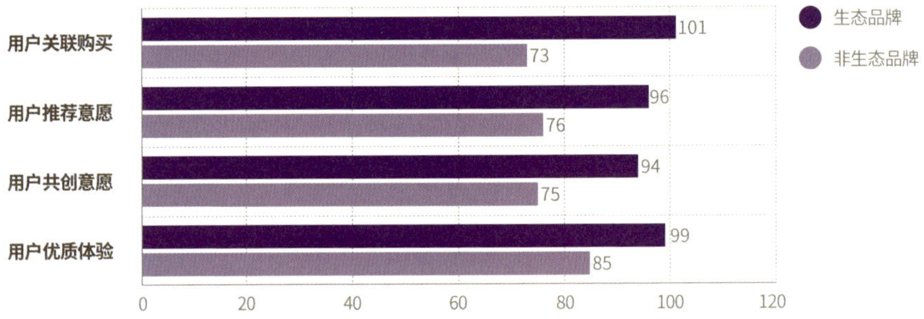

图 9　终身用户价值维度：生态品牌与非生态品牌细分属性表现（指数化得分）

在该维度中，“用户关联购买”是区分生态品牌与非生态品牌的核心要素，生态品牌的指数化得分高于非生态品牌指数化得分 28 分。其次，在“用户推荐意愿”与“用户共创意愿”两个要素上，相较于非生态品牌，生态品牌也呈现突出优势。最后，生态品牌与非生态品牌在“用户优质体验”上均有不错表现。

因此，生态品牌要聚焦用户，发挥生态品牌在用户交互等方面的优势，在持续为用户提供优质体验的基础上，吸引用户参与产品或服务共创，并主动分享自身产品或服务的使用体验，实现用户在生态内的关联购买，将普通用户逐渐沉淀为终身用户。

- **用户优质体验是沉淀终身用户的基础**。生态品牌以丰富多样的产品服务矩阵为支撑，通过多样化触点和精细化手段不断与用户进行交互迭代，精准定位用户需求，优化产品与服务，解决用户的个性化问题和实际痛点，持续为用户带来超越期待的体验，为用户与品牌建立深层联结打下坚实基础。

- **用户共创意愿是成为终身用户的充分条件**。用户共创意愿代表用户与品牌进行深度互动的可能性。马斯洛需求层次理论将人的需求分为金字塔式的五个层级，从下到上依次为生理需求、安全需求、社交需求、尊重需求和自我实现的需求，随着宏观经济增速回升、消费稳步复苏，以及消费群体的年轻化，除传统功能性需求之外，用户展现出更多的精神需求，更加重视个性化体验，寻求与品牌产生深度互动。而生态品牌持续不断与用户交互的过程为用户提供了共创的可能性和开放的互动空间，为用户与品牌共创培育了生长土壤，使用户从单纯的消费者转变为“产消者”。

- **用户推荐意愿是终身用户的外在体现**。日本社会学家三浦展在《第四消费时代》中提到，在信息化社会中，用户更倾向于通过信息共享来获得满足[11]。在智能经济时代，用户具有向他人分享品牌优质体验或使用经历的便利条件及意愿，用户选择一个品牌而非另一个品牌进行分享和推荐的重要因素之一，是用户能否在该品牌处获得且持续获得优质的使用体验。这种用户为品牌主动背书的行为，能够为品牌吸引大量优质客户，形成“良好使用体验—用户主动推荐—用户购买”的良性循环。因此，生态品牌需要巩固并扩大在用户体验上的差异化优势，促进用户推荐意愿的增长，实现终身用户价值。

- **用户关联购买是终身用户的重要行为指标**，是用户获得优质体验、与品牌互动共创、分享使用经历的自然延伸结果。相较于非生态

品牌，生态品牌为用户塑造了场景化的整体解决方案，并持续为用户提供优质的使用体验，通过交互不断迭代创新以解决用户新的痛点，促使用户能够且愿意进行复购，或不断在生态内产生其他交易，沉淀为终身用户。

以下案例全方位展现了不同行业及领域的生态品牌，通过持续帮助用户解决痛点，满足用户需求，增强品牌与用户间的信任感与黏性，为用户创造更大的经济价值与社会效益。

案例一：突破者

中 粮

作为与新中国同龄的国民品牌，中粮把守护 14 亿中国人餐桌上的幸福视作最重要的品牌使命，源源不断地为广大消费者提供更优质和健康的米、面、油、糖、肉、奶、酒、茶与饮料等日常生活不可或缺的民生产品，**不断做强做优市场保供体系，勇担农粮市场的“压舱石”“稳定器”**。

中粮不断强化利用两个市场两种资源保障国内需求的能力，持续引导资源向核心主业聚集，中粮国内粮食贸易、稻谷加工、油脂加工、玉米深加工、食糖贸易与加工业务持续巩固领导者地位，

“福临门”“长城”“蒙牛”“酒鬼”“中茶”“家佳康”等品牌享誉中国市场。同时，中粮发挥农产品国际贸易作用，深入实施农产品进口多元化战略，**为满足国内更多元化、更高品质的市场需求提供了坚实保障**。

依托全球一体化布局所形成的高效协同优势，中粮**构建起全国一盘棋、一竿子插到底的粮油食品市场化保供体系**，以市场需求为引导，产、供、运、销等环节高效运转，有力保障国内市场的有序供应和市场稳定。在发生重大疫情、灾情等极端情况下，中粮更是积极承担起保障民生物资供应的重任，为人民创造美好生活的品牌价值进一步彰显。

专家评语

于保平

复旦大学管理学院商业知识发展与传播中心主任

中粮高效协同的体系优势体现在将全球农粮资源与消费者需求链接在一起，为上下游创造产业价值，更保证了国家安全和品质生活，创造了可持续发展的生态。

案例二：突破者

盈康一生

盈康一生上海盈康护理院创新打造具有盈康一生特色的“医养结合”服务，切实提升具有不同需求的老年人的康养体验。以失智老人为例，西医方向的医疗护理通常以服用精神类药物为主，具有一定副作用，老人们的体验感、家属的接受度欠佳。为此，上海盈康护理院依托“医生—护士—营养师—康复师—护理员”多学科团队，有针对性地运用 40 多项中医护理技术及中医保健操，并辅以精神抚慰法与九种体质辨别法调理营养，提高老人的康养体验。

除了中医护理，盈康护理院联合多方生态共创老年骨关节病分中心、老年心血管病分中心、肿瘤康复分中心、呼吸分中心、神

经精神分中心、重症康复分中心等六大专注于老年疾病的医疗分中心，并对应培养了自有专科医疗团队，为老年人提供更多高质化、个性化医养服务。盈康护理院多次获得“上海市示范病区”荣誉，连续 4 年在上海 300 多家护理院中保持着市老年护理质控前 10 名及区质控第一名的优异成绩。

从 2016 年上海盈康护理院首次提出“三位一体”管理模式，到 2017 年开始探索无味化管理和病区二级护理查房，再到 2022 年年初再度探索打造家一样感觉的护理院；从成立时的 40 多名患者收治增长到如今三个院区的 1000 余位，上海盈康护理院**不变的是良好的口碑与用户黏性，一直在变的是为用户迭代的服务水平**。盈康一生**围绕用户需求不断迭代并向外形成了可复制的路径与模式，让更多银发一族享受老有所养、老有所医、老有所乐的晚年时光**。

专家评语

于保平

复旦大学管理学院商业知识发展与传播中心主任

老年人的需求不只是商业需求和产品需求，更是体验和生命价值的需求。盈康一生围绕用户需求进行科技创新和数智融合，构造卫生健康共同体，真正实现从打造产业链到打造体验和生命幸福链的有效转变。

案例三：突破者 · 生态飞跃之星

中信银行

中信银行 CHINA CITIC BANK

在“终身用户价值”维度，生态品牌“突破者”的表现有所波动，中信银行则实现了15%的增长，其在优质体验、共创意愿、用户推荐意愿等方面，相较2022年皆有显著提升，获得了2023年生态品牌认证“生态飞跃之星”。中信银行通过推出“天元司库”管理系统，将定制服务及科技赋能融入到产品功能及客户数据治理方面，为用户带来真正的卓越体验。

中信银行推出了业内首个银行自主研发的司库管理系统——“天元司库”管理系统，打造了14大中心、87个模块、1000多个业务功能点，集成了中信银行领先的交易银行生态化产品体系，内嵌了适宜央国企需求的决策流程与统筹路径。

功能方面，天元司库系统包含企业金融资源全流程线上化管

理，包含账户、结算、资金、预算、投资、融资、票证、供应链、外汇、跨境、决策等业务板块。数据治理方面，系统可实现横向打通业务、财务系统功能，纵向集中分子公司资产、负债、票据等多维财资数据。该系统自2022年10月上线以来，因**“政策契合准、产品集成强、系统构架活、互联互通快”**受到客户的广泛好评。

“天元司库”为客户提供了**定制服务及科技赋能价值**。一方面充分发挥中信银行在交易银行和国际业务领域所积累的产品优势，围绕企业司库“六大统筹”需求，聚合中信银行本外币一体化资金池、资产池、SWIFT AMH、信e融、团金宝、外汇交易通等 “拳头产品”，“一户一策”定制化解决企业需求痛点；另一方面，将科技赋能真正融入到中信银行对外输出的“产品体系”当中，将近三年中信银行**在科技领域的持续投入所积累的能力转化为了现实的生产力**。

专家评语

王华

法国里昂商学院副校长、亚洲校长、亚欧商学院法方院长

中信银行将司库体系建设作为该行2022年的“一号工程”，从战略高度顶层推动，接着系统推进。通过该项目，尤其是数字化的体系，加速构建生态品牌。

案例四：突破者

中控技术

中控·SUPCON

中控技术产品及解决方案广泛应用在流程行业，累计服务客户超过 2.8 万家，助力企业快速进行数字化转型，**全方位创造客户价值，极大增加了公司与客户之间的信任度和黏性，更为客户创造巨大的经济价值和社会效益**。

以湖北三宁化工股份有限公司为例，该公司是全国化工行业转型升级、高质量发展的典型样板。面对湖北三宁过往装置回路低效率、低投用率的发展挑战，中控 OMC 系统通过优化控制，将湖北三宁精馏塔清洗频次由原来的 7 天 / 次大幅降低至 150 天 / 次，大幅节省了因清洗停工带来的各项成本；“工厂操作系统 + 工业 App”架构所构建出的开放、可持续、多方参与的统一工业数字

基座，推动助力湖北三宁在此基础上自主开发出 40 余款工业软件，极大促进了其在工业数据融合与集成、工业数据综合治理与加工、工业数据价值挖掘与应用、生产流程优化与业务协同等方面的持续改进和提升。基于中控 OMC 系统的预测控制、操作导航和报警治理等关键技术的应用，湖北三宁将石宝山新材料分公司所有装置的人工操作频次由最初的 3 万多条直线下降至现在的 5000 条以下，整体操作频次下降 90% 以上，部分装置实现了“零操作”智能自主运行。经测算，中控 OMC 系统的应用每年可为湖北三宁带来直接效益 3000 万元以上。中控技术**采用“一企一策”的方针，聚焦特定化痛点和难题，全面助力生态各方的共赢**。

专家评语

陆定光

法国里昂商学院市场营销学教授
法国里昂商学院欧亚品牌管理中心主任

中控技术与客户密切合作，创造高价值解决方案；同时中控技术的共同创造战略，可以帮助巩固与客户的关系，并实现预期的忠诚度管理目标，使客户终身价值最大化。

案例五：突破者
万华化学

万华化学通过客户满意度调查、客户会议以及年度审核和评估等行动，关注客户关系、循环经济和产品安全；定期拜访客户，为客户提供HSE（健康Health、安全Safety和环境Environment）方面的技术支持和解决方案。

万华化学**以产业需求为己任，以自主技术为基础，一直坚持联结各方科技创新力量，强化上下游协同创新与协同机制**；响应减碳号召，立足可持续材料研发，开展技术攻关，聚焦零碳社区、生物降解材料等应用场景，通过技术与服务创新凝聚产业链合力，**为上下游企业提供高效、稳定、负责任的绿色解决方案，实现可持续发展**。

在家居板材行业，万华化学用 17 年的时间培育中国市场，携手各相关方共同推进“无醛添加”，推动家居、办公和医疗等家具行业绿色升级，为人类健康保驾护航。由中国林科院木材工业研究所、万华化学等多家单位和企业共同起草制定的 GB/T 39600—2021《人造板及其制品甲醛释放量分级》和 GB/T 39598—2021《基于极限甲醛量的人造板室内承载限量指南》也已正式发布，新版标准中将室内用人造板及其制品的甲醛释放量按照限量值分为 ENF（无醛添加）、E0、E1 三个等级。两项标准的颁布实施对保护消费者健康、消除室内环境污染和促进人造板产业的健康发展具有重要意义。目前万华化学可助力下游人造板厂实现 2022 年 1000 万方的无醛板产能，减少 40 万吨碳排放，在推动行业实现碳减排的同时，为超过 500 万个家庭提供了健康生活的新方式，以责任带动行业向创新发展和绿色发展双轮驱动方式转变。

专家评语

王幸

凯度集团大中华区 CEO、凯度 BrandZ 全球主席

万华化学作为化工新材料公司，为客户带来了全面且可持续的解决方案。联合上下游产业链，与客户携手协同创新，通过科技力量共同推动绿色产业的发展与创新。

案例六：践行者
中国民生银行

中国民生银行高度重视以汽车为代表的制造业发展，以客户为中心，不断加强行业研究和客户调研，以“点、链、圈、区”联动的开发思路为引领，践行“协同、高效、专业、价值”服务理念，实行大中小微零售一体化服务，满足核心车厂和上下游客户的多样化金融需求，与新能源汽车行业并肩前行。

吉利是中国民营企业的代表，而中国民生银行坚持将“民营企业的银行”作为战略定位之一。双方的合作始于 2017 年，2020 年签署战略合作协议，开始了互为战略伙伴、互为客户的总对总金融合作。除了为吉利旗下工厂和生产线提供融资支持外，中国

民生银行还为股权收购、产业链开发，以及出行、摩旅等创新业务领域提供了金融服务。目前民生银行已在传统授信、投资银行、交易银行、供应链金融、零售金融、网络金融等多个领域与吉利控股集团展开合作，服务子公司及链式客户 140 余户，运用产品 20 余种。

针对包括吉利在内的每一位战略客户，**中国民生银行均建立了行领导牵头的、总分支一体的“五位一体”专属服务团队，并定期进行“一户一策”的开发规划审议、检视，准确把握客户痛点，满足客户综合经营需求**。

专家评语

陈宇新

上海纽约大学商学部主任
纽约大学斯特恩商学院市场营销学教授

中国民生银行作为中国银行业的优秀代表，围绕“用心服务的银行”战略定位，坚持与客户互为客户，以“客户满意”作为品牌建设的核心，为生态构筑了坚定的基础。

第六章　激发生态活力
——共创共赢，铸就生生不息的命运共同体

生态品牌的最终目标是与生态中各合作方优势互补、互利共赢，最终实现生态内所有品牌的价值增长。

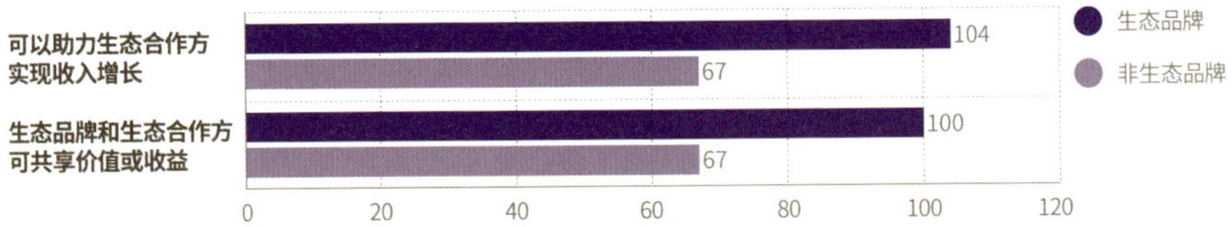

图 10　共赢增值效用维度：生态品牌与非生态品牌细分属性表现（指数化得分）

“共赢增值效用”评估了生态品牌通过合作为生态合作方带来的价值效用。与 2022 年相比，该维度下区分生态品牌与非生态品牌的因素重要性排序保持不变，且生态品牌相较于非生态品牌的优势差异有所增加，“可以助力生态合作方实现收入增长”仍是首要因素，其次是“生态品牌和生态合作方可共享价值或收益”。

- **生态合作方实现收入增长是生态品牌为合作伙伴带来的直接收益**。相较于非生态品牌，生态品牌通过多元开放和合作共创的生态合作模式，拓展了生态合作方的效益边界，在共享资源的基础上，生态品牌能够为生态合作方进行专业技术或商业模式赋能，

为生态合作方实现降本增收、提质增效，使其获得基于生态模式的新价值。

- **生态品牌和生态合作方可共享价值和收益是发展生态品牌的重要目的**。合作的根本目标是实现共赢。生态品牌与生态合作方之间的深度交互，使其成为了互利共赢的有机结合体。生态品牌作为该有机体的核心，依托自身的专业能力和商业资源，链接了各个生态合作方，打破了品牌间的数据壁垒和沟通屏障，通过不断调整优化，生态品牌能够做大蛋糕，携手生态合作方共同向高质量发展。

我们总结了如下案例，分别展现了企业对生态共享、共赢增值的重视与亲身践行。企业通过共享生态，与合作伙伴一起共创打造多方共赢的合作模式，共筑良好的企业与品牌形象，实现多方利益共同增长。

案例一：领航者
百　度

文心是百度自主研发的产业级知识增强大模型，已经形成了基础—任务—行业三层大模型技术体系，包括自然语言处理、视觉、跨模态等基础大模型，对话、跨语言、搜索、信息抽取等任务大模型，生物计算领域大模型，行业大模型，以及支撑大模型应用的工具平台。目前，文心大模型已发布 11 个行业大模型，**大规模应用于工业、能源、金融、通信、媒体、教育等各行各业。**

2023 年 3 月，新一代大语言模型、生成式 AI 产品文心一言正式开启邀请测试。截至 2023 年 5 月，已有超过 300 家生态伙伴参与文心一言内测，在 400 多个企业内部场景取得测试成效。目前，文心大模型已经迭代到 3.5 版本，相较 3.0 版本，训练速度提升了

2倍，推理速度提升了30倍，模型效果累计提升超过50%。

基于百度智能云技术打造出来的文心一言，将通过百度智能云对外提供服务，**为产业带来真正的AI普惠**。2023年5月，百度智能云推出文心千帆大模型平台，这是全球首个一站式的企业级大模型生产平台，不但提供包括文心一言在内的大模型服务及第三方大模型服务，还提供大模型开发和应用的整套工具链。文心千帆大模型平台面向首批企业客户内测以来，正在与不同领域客户联合研发，在智能办公、旅行服务、电商直播、政务服务、金融服务五大领域打造行业样板间。

在2023世界人工智能大会上，百度等企业被工信部中国电子技术标准化研究院予“国家人工智能标准化总体组大模型专题组”组长单位，积极推动大模型国家标准体系建设，助力中国大模型产业发展。

专家评语

陈宇新

上海纽约大学商学部主任
纽约大学斯特恩商学院市场营销学教授

作为互联网行业的领先头部公司，百度具有打造生态品牌的先天优势。这一优势在其AI领域的创新突破中也得以很好地体现。以文心一言为标志的AI平台，有望接入大量的合作伙伴，共同创造巨大的经济价值和社会价值。

案例二：领航者

卡奥斯

卡奥斯 COSMOPlat

卡奥斯 COSMOPlat 工业互联网平台链接企业 90 多万家，**与技术伙伴、行业伙伴、政府等开放协作，共创共享“数字生产力”，形成工业互联网新生态，并持续分享新增值**。

卡奥斯 COSMOPlat 与海螺新材共建首个建筑型材行业大规模定制平台，通过连接企业上下游、用户和资源方，打通开放的全产业链生态系统。

海螺新材各业务系统改造融合了卡奥斯大数据治理、微服务架构、人工智能、物联网、工业 PON 网等当前先进的技术，采用边缘层、IaaS、PaaS、SaaS 四层架构展开。按照型材业务线和门窗业务线 2 条业务主线，通过建设二十个子系统 / 子平台，海螺新材将传统线下业务进行线上数据化、信息化升级改造。

在宏观层面，以全国维度解决行业企业战略布局问题。平台综合国内外型材行业发展趋势，以产业链图谱为脉络，借助后台庞大数据资源支持，结合行业协会宏观业务经验，为打造全国首个型材互联网平台提供有力支撑。

在微观层面，从工厂维度解决生产的基本问题。依托工业互联网平台，为工厂提供数字化解决方案，实现工厂数字化生产、数字化管理，提高工厂的加工品质和效率，满足终端用户需求。

卡奥斯 COSMOPlat 的赋能，助力海螺新材数字化转型：

· 企业在销售服务方面，通过大规模定制改善用户体验，开放创新平台扩展营销渠道，运用 CRM 提升营销精度并提高 20% 转化率；

· 在生产制造方面，工业信息化提升 15% 生产效率 ，降低 10% 成本；

· 在经营管理方面，通过高效协同，提升决策管控能力和效率，协同效率提升 50%，库存降低 20%；

· 在研发设计方面，开放创新，缩短开发周期，提升新产品开发能力，开发周期缩短 50%，新品溢价提升 30%；

· 在业务模式方面，通过数据驱动，激发型材行业新业态、新模式。

目前，海螺新材已打造出以“大规模定制”为核心的新模式新业态，实现了信息共享、资源协同、用户交互、降本增效，**初步完成了“企业数字化”**，并积极对外赋能。海螺新材工业互联网平台厂家入驻数量已达到 4910 家。

专家评语

于保平

复旦大学管理学院商业知识发展与传播中心主任

卡奥斯秉承“为用户增值，创共赢生态”的理念，不断构筑产业链和价值链，创造工业互联网的新生态，发挥数字生产力，不断为产业链各方增值。

案例三：领航者
钉 钉

钉钉

生态良性循环的关键是有足够多的生态合作伙伴，并且生态合作伙伴能获得收益。钉钉正是遵循这样的原则开展业务的。2021 年，钉钉上**营收过千万的 ISV（Independent Software Vendors，独立软件开发商）生态伙伴数量新增 11 家；近一半上架了应用的 ISV 公司融到资，在过去一年获得的融资总额超过 60 亿元**。

蓝凌叮当是扎根在钉钉生态中的 ISV，成立于 2019 年年初，到 2021 年时实现了全年现金流盈余且 ARR（Annual Recurring Revenue，年度经常性收入）营收持平。在产品成熟周期长、销售团队和渠道建设需要较长时间的 2B 赛道，成立三年内便迎来现金流转正的关键转折点，是非常难得的成就。

借助与钉钉合作，氚云挖掘出了钉钉高价值的产品场景，让客户体验更好、产品更完善，氚云商业化能力得到快速提升。目前氚云在低代码赛道中服务的客户体量第一，在钉钉体系同类目产品中销售第一。作为钉钉企业培训类的“常驻销冠”，酷学院已累计服务钉钉平台 20 万余客户、2000 万余用户，其中有超 20% 是如百丽集团这样的大客户。

专家评语

王华

法国里昂商学院副校长、亚洲校长、亚欧商学院法方院长

钉钉作为企业级智能移动办公平台，助力企业的组织数字化和业务数字化，实现企业管理“人、财、物、事、产、供、销、存”的全链路数字化，提升企业的经营管理效率。钉钉的多个应用场景，在不同行业得以应用，赋能企业效率提升。

案例四：突破者
中信银行

中信银行 CHINA CITIC BANK

中信银行围绕国资委“看得见、调得动、管得住、用得好”的司库建设要求，不断迭代和升级“天元司库”服务体系，助力更多企业全面提升司库管理的精益化、集约化、数字化、智能化水平，在建设世界一流企业的道路上行稳致远。

通过中信银行“天元司库”服务体系，助力合作伙伴通过资源统筹实现**降成本、提效率、控风险**。

· 资金统筹，减少资金池存贷两头大问题。某央企存款、贷款双降 200 亿元，年节约财务费用 4 亿元。

· 结算统筹，节约人力成本。某央企共享中心大幅节约人员支出约 9 亿元。

· 融资统筹，集中授信用款，降低融资利率。某央企流贷利率低于市场 150BP。

· 账户统筹，大幅提高账户可视率。某央企全球账户可视率 95%。

· 资金统筹，提升资金预算和计划准确率。某央企资金计划周偏差率小于 3%。

· 结算统筹，提升收付款效率。某央企电子支付率 99%，收款自动清分。

· 投资统筹，提升议价能力及回报率。某央企活期理财回报率高于市场 100BP。

· 账户统筹，减少低效户休眠户风险。某央企清理 4000 户低效户。

· 结算统筹，防控资金舞弊风险，杜绝资金挪用。

· 融资统筹，减少融资风险、对外担保风险。

· 供应链统筹，提升供应链管理能力。某龙头民企对交易对象建立商务评级模型，销售商违约风险大幅降低。

专家评语

刘学

北京大学光华管理学院组织与战略管理系教授

中信银行能够保持持续的创新和生态体系建设，并具备非常强的战略机遇把握能力。当国资委要求央企建设司库体系时，中信银行能够率先利用其作为多元化央企集团的优势，在战略层面上高度重视，并取得先发优势，与多家央企签订战略合作协议。另外，中信银行在通过产品创新推动生态系统建设方面也取得了不错的成绩。

案例五：突破者

中控技术

中控·SUPCON

2022 年，中控技术通过 5S 店 +S2B 平台一站式智能制造新模式的深入推进，以及 PLANTMATE“工业伴侣”的独特优势开始崭露强劲势头。中控技术 2022 年全年累计建设 150 家 5S 店，100% 覆盖全国 616 家化工园区；建立与客户的高效互联，为客户提供专业、独到的“全科医生”式的服务，并进一步夯实了 5S 店卓越运营体系，落地 5S 店合伙制，实现自主运营、独立核算、利益共享，激发 5S 店经营活力。

中控技术在 S2B 业务上更是突飞猛进，通过联储联备、供应链金融等服务模式，为客户创造了巨大的资产价值。未来，中控技术将重点通过园区的渠道扩张和多元生态资源整合，实现发展

中的化学变化，更好地建立起滚雪球效应，与合作伙伴“共建、共享、共赢”。

桐昆集团作为典型的资产密集型企业，在备品备件采购管理上面临着成本、效率、透明度和备件不足引发非计划性停车风险等行业个性问题与传统采购难点。中控技术与桐昆集团的战略合作，打破了传统采购模式，通过“5S 店 +S2B 平台 + 三级仓储系统”，双方共建嘉兴共享仓，实现系统对接，高效领用物资，构建智能服务新模式。目前，中控技术已助力桐昆集团初步实现备件仓储成本减少 10%，备件库存周转天数从 60 天下降至 30 天以下；SKU 周维度预测准确率提升至 80%，采购履约率提升至 99%；采购效率提升 50%，内部客户满意度提升至 95%。

“联储联备”“集采代采”“供应链金融”三大创新业务、线上线下联动的一体化数字供应链体系是中控技术生态合作模式的主要特性及关键所在，助力实现生态合作伙伴间共同的价值创造。

专家评语

王华

法国里昂商学院副校长、亚洲校长、亚欧商学院法方院长

中控技术作为流程工业智能制造整体解决方案供应商，通过软硬件结合，助力提升效率、节能减排。与桐昆集团的合作，更是在商业模式上实现了创新，并由此成为生态品牌打造的样板。

案例六：突破者

万华化学

万华化学坚持自主研发，**用化学之力改进化学产业、创新化学产品，用绿色化学点亮生活之美**。这是万华化学长期以来始终坚持的化学之道。通过创新，万华化学聚焦绿色回收，布局环保产业链，**以强劲的研发实力、持续扩大的 MDI 产能优势以及聚碳酸酯（PC）等材料的全产业链优势，用绿色化学原材料赋能家电、物流、电子、汽车等多元产业链**。

万华化学与河海综合能源共建的综合智慧能源项目，通过多种创新技术的耦合，将万华化学烟台工业园的生产废热进行回收再利用，为园区生产供应高品位热能，同时为烟台市区的冬季采暖提供清洁热源。通过该技术，万华化学烟台工业园每年可节约

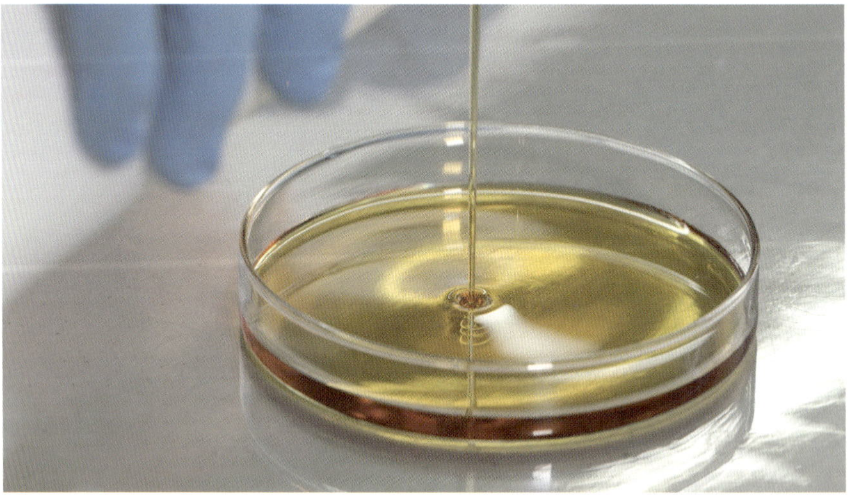

煤炭约 260 万吨，减少二氧化碳排放 670 万吨，同时可保障烟台市 1.0 亿平方米城市供暖，实现了化工装置节能技术与民用低品位热能技术的完美结合。

万华化学是也目前业内唯一一家提供无醛胶及无醛助剂、无醛板生产解决方案的企业，并与大部分定制家居如索菲亚、欧派等企业达成稳定合作。万华化学开发了世界上首套连续喷涂施胶制无醛胶合板工业化关键工艺，完成了工业化样机制造并试验成功；同时联合行业客户及科研院所成功开发了无醛超薄纤维板，以技术创新为钥匙打开绿色发展的机遇之门。

专家评语

王华

法国里昂商学院副校长、亚洲校长、亚欧商学院法方院长

万华化学作为国内唯一一家提供无醛胶及无醛助剂、无醛板生产解决方案的企业，对于社会环境保护和用户使用健康安全，起到了重要的经济与社会价值。作为一家化工企业，在环保、节能、减排，以及社区关系中，都有相关的贡献。

案例七：践行者 · 生态飞跃之星
康师傅

康師傅

在本次“共赢增值效用”维度的评选中，康师傅的品牌表现相较于 2022 年实现了 25% 的增长，与“践行者”的整体表现增长相比具有显著优势。康师傅通过发挥企业实体经济的优势，携手上下游打造基于生态模式的利益价值链。**在共享共赢的生态合作中，康师傅与农户、供应商、经销商、零售商以及用户达成了真正的生态各方共享共赢，实现价值增量及溢价，获得了 2023 年生态品牌认证“生态飞跃之星”**。

康师傅作为核心企业，**与上下游供应商、经销商、零售商一起，上连 4000 多万农民，下接 9 亿消费者，促进健康发展良性循环**。

康师傅发挥实体经济优势，带动上下游伙伴，共同打造绿色价

值链。2022 年 11 月 26 日，由康师傅联合新华网共同编撰的《绿色行动案例宝典》正式发布，**呼吁从生产、产品到消费终端所有利益相关方参与到减碳行动中来，为实现中国的双碳目标共同努力**。《绿色行动案例宝典》介绍了康师傅在源头种植、工厂运营、生产制作、产品设计、物流运转、售后循环利用等产品全生命周期的绿色、低碳减排案例。其中，工厂和生产行动里的多项水节能领域案例，让康师傅连续多年在中国饮料工业协会年会上，以每年数十家工厂脱颖而出，包揽了颁奖总数近一半的“节水节能优秀企业”奖项。《绿色行动案例宝典》显示，康师傅全国各地工厂拟全面推广 rPET（回收的聚对苯二甲酸乙二醇酯）专案，预计每年可实现约 6000 吨废 PET 循环利用。康师傅在可持续发展领域的积极行动得到了国内外的广泛认可，作为 2022 最具影响力绿色企业品牌入选新华网“2022 年绿水青山就是金山银山实践典型”，荣获人民日报颁发的 2023 环境、社会及治理（ESG）年度案例等荣誉。

专家评语

陆定光

法国里昂商学院市场营销学教授
法国里昂商学院欧亚品牌管理中心主任

康师傅的绿色价值链让人印象深刻。相信康师傅也会继续携手其价值链上的合作伙伴，共同为绿色经济做出贡献。

案例八：践行者
华润万家

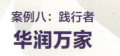

华润万家为农户创造价值，且帮助农户提高交易话语权。2022 年华润万家对 592 个脱贫县帮扶工作已覆盖 20 个省及直辖市，1—10 月累计采购数量同比增长 10%，销售超过 50 亿元。同时，华润万家注重打造乡村特色品牌，通过一村一品帮助农户提高交易话语权。

华润万家与合作伙伴共创良好品牌形象，同时帮助实现生意增长。华润万家联合伊利在线下门店搭建公益筹款场景，第一期销售助捐活动中，品牌便实现同比销售双位数增长；在与联合利华联办的“保护母亲河，守护三江源”活动中，带动品

牌销量同比增长20%；华润万家与“润智收”合作的“智换美好生活”旧衣回收活动，在全国62个城市纳入更多用户及会员参与绿色行动，有效助力“润智收”应用触达更广泛的终端消费人群。

华润万家与权威机构共同引领行业前进方向。2022年11月，华润万家加入“推动品牌强农，助力乡村振兴”的“品牌消费，杜绝假劣”平台，为品牌强农出谋划策，通过平台集合品牌、供应链、科技、媒体力量，形成“品牌消费无假劣”链条。华润万家还参与编写《零售企业碳管理体系建设实施指南》，该指南2022年由中国连锁经营协会发布，旨在建立行业标准，推动零售业绿色供应链上下游低碳转型，进而潜移默化引导并形成居民的绿色低碳消费习惯。

专家评语

王华

法国里昂商学院副校长、亚洲校长、亚欧商学院法方院长

华润万家作为优秀零售连锁企业，除了传统的零售业务，还通过多个商业模式的叠加，达到了生态更为成熟和高级的状态。例如对产品的环保标志的引入、旧衣回收的循环经济的落实、帮助农户打造乡村特色品牌等，实现了立体式的自身品牌和产业链品牌的打造。

案例九：践行者
骊 住

LIXIL
Link to Good Living

骊住**深入洞察全球不同市场的需求，并通过打造兼具实用价值与设计美学的高质量产品，携手其合作伙伴共同为人们筑建通往美好生活的连接纽带**。骊住与全球诸多酒店、住宅、公寓、养老院、医院等各类型开发商建立了密切的合作关系，通过旗下丰富多样的品类及品牌为合作伙伴提供多元化的产品，助力合作伙伴提升市场竞争力，实现双方利益共赢。

骊住旗下百年卫浴品牌美国美标连续 12 年蝉联房地产开发商企业综合实力 TOP500 首选供应商，有力地证明了合作伙伴对其的信赖与肯定。而为了进一步提升品牌感召力，与更多年轻消费者同频共振，美标将情感价值融入品牌底色，提出了 "LIFE.LOVE.HOME 爱家 . 爱生活 " 全新品牌主张，通过在视觉、产品、模式、服务以及体验等领域升级焕新，全面激活品牌能量，开启了品牌发展的崭新篇章。与此同时，骊住旗下的日本伊奈为康养类地产开发商和银发一族提供了更为专业的卫浴解决方案和老年康养类产品选择。

此外，为了提高产品的物流效率以及产品安全监管与管理，促进供应链健康发展，骊住还通过“一物一码”系统打通了从订单、生产、物流、仓储、经销商、门店到售后的各个触点，**帮助经销商解决了货物流窜的痛点和商品真伪验证的问题，提升了供应链整体效能**。

专家评语

王幸

凯度集团大中华区 CEO、凯度 BrandZ 全球主席

骊住不断发挥多品类多品牌的战略优势，通过积极拓宽合作及灵活运用技术，创新用户的购物路径及消费体验。同时，骊住与多类型的开发商建立了密切的合作关系，助力其提升市场竞争力；针对具有潜力的市场需求，展开洞察并输出建设性建议，与行业伙伴携手前进。

作为第三部分的总结，我们将深入解读卡奥斯 COSMOPlat 的案例，展现品牌如何通过服务终身用户以及践行增值分享，捕捉价值循环增长之美。

领航者 卡奥斯 COSMOPlat

青岛瑞华集团总经理程红升说：“最大的收获其实是‘希望’。原来，大家都说制衣是夕阳行业，公司看不到明天，我有时候也觉得干不了多久了。现在，公司建立了新优势，信心大增。”

作为连续 5 年蝉联榜首的国家级跨行业跨领域工业互联网平台，卡奥斯 COSMOPlat 按照“大企业共建、小企业共享”模式，已链接企业 90 万家，服务企业 8 万多家。调研发现，企业数字化转型遇阻情况较为普遍，不少企业不敢转、不愿转、不会转，甚至有的改造后软件、硬件也被弃之不用。对此，卡奥斯 COSMOPlat 提出**在“数实融合”基础之上的“人的融合”，即人的思维观念数字化，成为破解企业数字化转型难题的法宝之一**。

成立于 1993 年的瑞华集团是一个很典型的例子，作为一家中等规模的传统服装代工企业，在启动数字化变革之前，公司的 130 多名中高层管理者中，有 118 名对改造事项投出反对票，还有一些人弃权。卡奥斯 COSMOPlat 团队深入车间，一遍遍讲解、梳理、做思想工作，让瑞华集团的管理层和员工开始逐渐理解，并越来越配合。

瑞华集团引进了卡奥斯工业互联网平台进行数字化升级，企业内外焕然一新，**全面转型为数字化、智能化的现代服装企业**。工厂流水线由数据驱动，每排生产线上方均悬挂一块数据大屏。每个站位每道工序需要的工时、当前产量、当日返修率等数据都在屏幕上实时显示。这些数据与前端品牌销售及库存数据联动，品牌方销售后可随时加单、工厂实时生产补货，大大减少了库存积压。

在成品检测车间，每件成品的衣架上都有唯一的追溯二维码。衣服传输过来，订单、尺码等信息也进入系统，可自动调取出货产品。一旦接到订单，信息就会直接同步到每一个部门，各个环节同时确认，从拿到订单到确定生产，只要5分钟。这些数据由系统直接生成，管理效率提升了80%。

在订单层面，瑞华集团单日产能从9000件增至12000件、生产周期由20天发货缩短到7天交货、订单附加值提高150%、利润率倍增。同时，瑞华集团外销转内销的愿望已完全实现，此前瑞华集团80%的订单来自国外，现在80%来自国内，国内头部服装品牌纷纷寻求合作。

在员工层面，瑞华集团员工收入普遍增长30%至50%。瑞华集团还出资在全国范围内并购了20多家制衣厂，原来担心失业的中层管理者不但没有下岗，有十余人被派到新收购的“卫星工厂”传授经验，甚至担任副总经理、厂长，**一方面完成总部应接不暇的订单，一方面继续和卡奥斯COSMOPlat合作，把工业互联网升级经验移植过去。**

上海证券报在实地调研瑞华集团后评价道："瑞华重生是必然的。**拥抱变革，方可赢得未来。以'人的融合'推进数实融合，在数实融合中坚持以人为本，必将破解不愿转、不敢转、不会转等问题，开创中小企业数字化转型的美好前景**[12]。"

Powered by
卡奥斯 COSMOPlat
质量在线视觉检测

ECOSYSTEM BRAND EVALUATION
生态品牌认证

生态品牌与用户的持续互动增加了用户黏性，进而能够持续推动双方在生态系统中创造和获取价值。同样的，合作伙伴通过生态获得的收入以及与生态的共生价值也持续激励其进一步存留于该生态中。最后，在用户及合作伙伴所获得价值的基础上，环境及资源的可持续发展、社会大众的美好生活以及社会经济的进步等“社会层面的问题”能够被更好地解决。总而言之，生态品牌创造了一个生机勃勃的环境，用户和合作伙伴都在试图更深入地融入该生态系统，并致力于生态的进一步建设与整体社会价值的提升。任何企业都不应该忽视生态品牌种种强有力的优势。

Andrew Stephen 安德鲁·史蒂芬
牛津大学赛德商学院教研副院长

Felipe Thomaz 费利佩·托马斯
牛津大学赛德商学院市场营销学副教授
“未来营销倡议组织”研究学者

PART 04
第四部分

坚定生态品牌
理想之声

第七章　生态品牌的社会担当

作为时代引领型的品牌范式，生态品牌应当且必须具有明晰的品牌理想，承担起为整体社会创造价值循环的责任与使命。生态品牌需要始终坚持环境和资源的可持续发展，通过技术赋能、公益贡献等方式持续改善人们的生活，并作为行业领头羊赋能产业升级，促进社会和经济的共同进步。

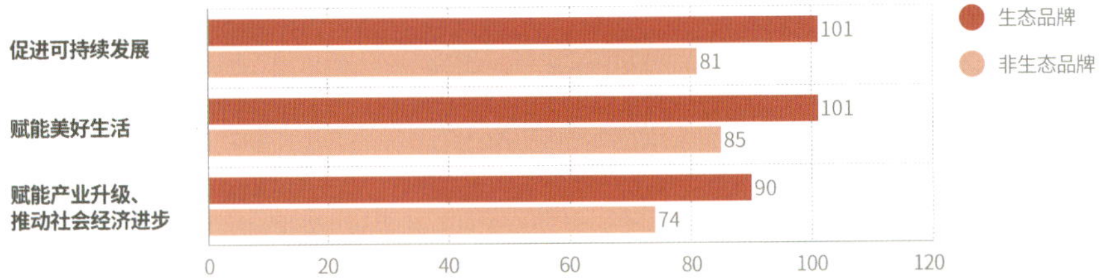

图 11　社会价值贡献维度：生态品牌与非生态品牌细分属性表现（指数化得分）

“社会价值贡献”评估了品牌为提升社会的整体价值所做出的贡献。在该维度下，生态品牌与非生态品牌产生最大差异的要素是“促进可持续发展”，其次是“赋能美好生活”，这与 2022 年有所不同。2022 年，尚处于新冠疫情的冲击之下，强烈的不稳定和不确定性使得人们愈加向往和期待美好生活，更多生态品牌顺应时代需求，以公益活动、加快复工脚步等方式，承担自身社会责任。随着后疫情时代的来临，“可持续发展”成为品牌的核心着力点，不只为绿色低碳发展，还为赋能美好生活、促进产业升级贡献力量，持续助力高质量发展。

- **生态品牌在促进可持续发展中领跑表率**。二十大报告中再次强调了我们要坚持可持续发展，实现人与自然和谐共生的现代化[13]。生态品牌的优势在于，不仅其自身推进可持续发展战略，积极践行绿色低碳发展目标，主动承担企业社会责任；还能携手产业链上、中、下游的生态合作伙伴，通过赋能生态合作方等方式，带动生态内所有品牌共同进行低碳转型，将绿色理念贯穿生产、运输到终端全链路之中，为实现国家“双碳”目标发挥引领和表率作用。

- **生态品牌不只为用户与合作伙伴创造价值，还惠及更广泛的社会**。作为一个有社会担当的品牌，在保护环境和资源、推进可持续发展之外，还应致力于解决社会实际问题，满足人们对美好生活的需要。领先的生态品牌具有赋能美好生活的内驱力，能够立足企业核心产品和服务，协同生态合作伙伴，辐射区域乃至全球社会生活的不同环节，持续为社会大众的美好生活做出贡献。

- **生态品牌充分发挥生态网络强联结、共开放的优势，赋能产业升级，推动社会经济进步**。在科技向善、商业向善的浪潮之下，生态品牌以开放合作、资源共享的方式打破信息壁垒、技术壁垒，与不同行业、各种角色类型的品牌搭建开放的动态网络，以优势互补、相互赋能的方式促进生态内品牌高质量发展，带动产业链升级，共同推动社会经济进步。

不同行业生态品牌为促进环境和资源可持续发展、改善人们生活、推动社会经济发展进行的**一系列典型和创新实践，彰显了生态品牌的社会理想和大局意识**。

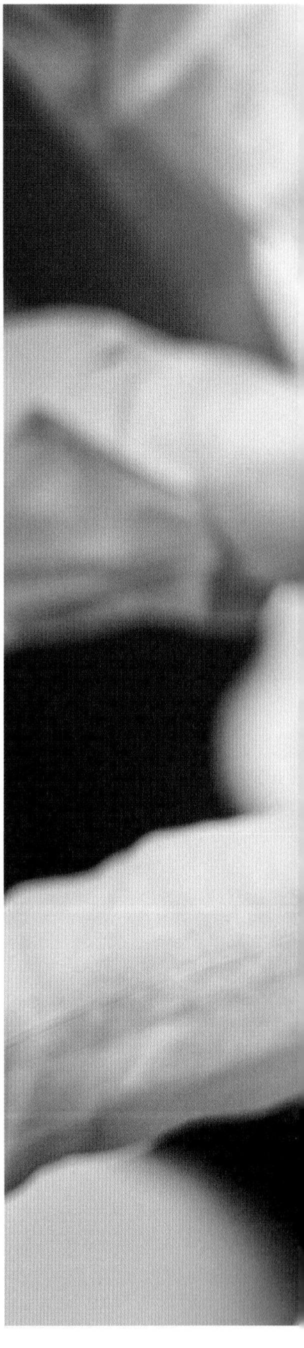

案例一：领航者
海 尔

Haier

深耕生命科学和医疗创新两大领域的海尔生物医疗，**致力于关键核心技术攻关，提高科技成果转化和产业化水平，以引领性技术践行产业报国，为国家多项重大战略工程提供科技支撑。**

针对生物样本无法安全、长期、有效地保存、管理和开发利用的难题，海尔生物医疗自主研发自动化生物样本库场景方案，攻克 -80℃、-196℃自动化生物样本存储技术，实现国产化替代，目前已应用于南方海洋实验室海洋生物资源库、中国西南野生生物种质资源库、中国科学院武汉病毒研究所、国家癌症中心等重大项目，**为各种珍贵生物种质资源及人类遗传资源等提供自主可控的高质量保藏方案。**

以南方海洋实验室海洋生物资源库为例，应用海尔生物医疗解决方案后，220 万份生物样本实现了从预处理、转运到入库、出库全流程的自动化、无人化、智能化管理。在**存取样本**时，通过搭载 5G 技术的样本信息智慧管理系统，配合图像、射频精准定位技术，可以实时锁定样本位置，只需一键操作，就可通过机械手，最快在 60 秒内从 100 万份样本中，精确挑选和存取任一样本，做到无关样本零暴露，避免回温冲击。**样本出入库**时，智能转运机器人可根据样本位置信息，进行全程转运；这种“无人化”操作，不仅提高了工作效率，还让人员无需接触低温环境，免于低温伤害。**日常管理**时，针对海量样本信息庞杂问题，通过智慧信息管理平台，所有样本存取时间、位置、数量、温度等信息可实时追溯，方便查看、修改、筛选及异常预警，实现了高效精准的智慧管理。海尔生物医疗始终以科技创新为驱动，为我国生物经济高质量发展提供更加可靠的技术保障，**全面助力健康中国、科技强国**。

专家评语

刘学

北京大学光华管理学院组织与战略管理系教授

海尔是生态品牌的倡导者，也是构建和谐生态系统的积极探索者，在推动社会可持续发展方面做出了出色的成绩。

案例二：领航者
卡奥斯

卡奥斯 COSMOPlat

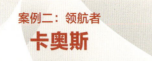

卡奥斯 COSMOPlat 践行“双碳”目标，助力可持续发展，为社会贡献可持续价值。

卡奥斯智慧能源平台为某工业园区搭建了多能互补平台，引入智慧空压站、智慧售电、智能微网等，并借助自主研发的 IEMS 总控系统算法模型，实现能源梯级利用，**提高能源综合利用效率，构建智慧综合能源管理系统**，每年为园区减排二氧化碳 3.26 万吨，约合植树造林 181 万棵。依托卡奥斯赋能能源管理的实践，该园区逐步探索打造碳中和“灯塔基地”。

卡奥斯智慧能源总控平台，实现“四流合一”。该平台结合了能源互联网、大数据、云计算等技术，实现了能源流、数据流、信息流、碳追溯流的“四流合一”，对园区电、水、气、热、光伏、照明等能源动力的产输配用全环节进行集中、直观的动态监控和数字化管理，改进和优化能源平衡。

前端降低化石能源使用，约合植树造林 267 万棵。在 13 万平方米的园区屋顶上，已经完成总装机量 13.5 兆瓦的光伏发电系统的建设，年发电量超 1500 万度，折合约减少 1.3 万吨二氧化碳排放。同时，园区计划利用当地优质的风力条件，建设 3 台 3 兆瓦的低风速风机，年发电量预计为 4080 万度，可减少二氧化碳排放 3.5 万吨。

后端降低单台能耗，约合植树造林 179 万棵。该工业园区为制造、生产型园区，针对能源使用特点，在后端降低单台能源消耗，能源综合利用效率高达 80% 以上；构建智慧综合能源管理系统，进行智能调控，每年减排 3.22 万吨二氧化碳，约合植树造林 179 万棵。

整个园区绿地率达到 14.8%，园区内均为海绵建筑，下雨时吸水、蓄水、渗水、净水，需要时将蓄存的水释放并加以利用，实现雨水在园区中循环利用。

专家评语

王幸

凯度集团大中华区 CEO、凯度 BrandZ 全球主席

卡奥斯作为跨行业、跨领域的工业互联网平台，通过物联网、大数据、云计算等技术结合企业端所需，为企业进行全方位赋能。卡奥斯在推动企业数字化转型进程的同时，持续践行“双碳”目标，在业务及社会责任的履行上与合作伙伴实现共享共赢。

案例三：领航者 京东方

京东方始终将优质的业务资源、专业知识以及可持续发展理念科学投入到对社会有利的行动中。2022 年，京东方福州第 8.5 代 TFT-LCD 生产线荣膺全球智能制造领域最高荣誉“灯塔工厂”。京东方搭建 AI 驱动的能源管理系统，产线单位电耗大幅下降 39%，单位水耗下降 27%，极大提升绿色可持续发展能力。截至 2022 年，京东方已经有 15 家工厂荣获“国家级绿色工厂”称号，成为显示领域中国首家所有量产生产线全部达到国家级绿色工厂标准的企业。

公益层面，**京东方志愿者深入乡村、社区，举办形式多样的公益活动**。在教育领域，“照亮成长路”已累计建成逾 70 所智慧教室，惠及超 24000 名偏远地区学生以及 1000 余名教师；在医疗健康领域，京东方利用技术与资源优势助力医疗健康事业普惠大众，提升偏远地区医疗技术发展水平。2022 年，合肥京东方医院捐赠 100 万元，救助患有肾透析、白内障、心脏类（先心、心脏瓣膜病）病史的居民；京东方各医院开展义诊超 450 场，惠及 4.3 万余人，持续助力社会健康事业发展。

京东方秉承“用心改变生活”的理念，积极开展一系列行动助力区域振兴，让科技赋能社会，推动区域可持续发展。京东方全年实现助农 1308 万元，帮扶农户 330 余户，为长期积累可复制的、有特色的乡村振兴积累实践经验。

专家评语

于保平

复旦大学管理学院商业知识发展与传播中心主任

京东方的“深度合作，协同开发，价值共创”理念驱动企业带动产业链上下游协同创新和整合，将技术研发和产品共创融入社会价值，从而推动产业发展。

案例四：突破者

中　粮

作为立足中国的国际大粮商，**中粮坚持强化全球农粮资源配置，优化全产业链，与国际社会共同打造稳定、安全、顺畅、高效的农粮产品供应体系，携手应对粮食生产与供给不平衡、气候变化、新冠疫情等全球性难题**。中粮着眼于打通全球最具增长潜质的粮食主产区和消费增长最快的主销区的供需通道，有重点地布局南美洲、北美洲及黑海等“一带一路”沿线国家和地区的重要产粮区、关键物流节点的仓储、物流和加工设施，高效促进谷物、油脂、食糖、棉花、肉类、乳品等大宗农产品在全球的生产、加工、流动与销售。

目前，中粮在巴西桑托斯、阿根廷罗萨里奥、美国圣路易斯、

罗马尼亚斯坦察等全球重要粮食出口和内陆物流节点建立中转基地；拥有包括200艘船舶的大型现代化海运团队，同时加强与食品企业、港航企业间的合作，全年7×24小时将北美的小麦、南美的大豆和糖、黑海的玉米和葵花籽等优质农产品运往东南亚、欧洲、中东等核心主销区，搭建起横跨东西半球的粮食走廊；在美洲、欧洲和亚洲等粮食主产区和主销区投资兴建100余个加工厂，在最短的时间用最合适的方式将其转化为食品企业与养殖户所需的原材料和消费者餐桌上的食品。当前，中粮全球年经营量超2亿吨，已成为阿根廷第一大粮油出口商，巴西第一大对中国的大豆出口商，在国际市场上为保障大豆、玉米、小麦、食用油、食糖、棉花等重要农产品的流通作出积极贡献，已成为构建全球农粮产业链的深度参与者、畅通全球农粮供应链的坚定推动者。

专家评语

安德鲁·史蒂芬

牛津大学赛德商学院研究副院长

中粮在社会价值方面表现突出，通过不断布局全球粮食全产业链及增强农粮的资源配置，助力粮食板块针对黑天鹅事件（如疫情、气候变化等）的稳定抗风险能力，贡献出维护社会健康发展的重要力量。

案例五：突破者
3M

早在 50 年前，3M 就开创性地设立了污染防治投资计划，迄今已减排 200 多万吨。行业首创的 3M 污染防治投资项目 3P 计划（Pollution Prevention Pays）执行至今已 46 年。通过该计划，3M 全球已累计减少 268 万吨污染排放，并节省了超过 23 亿美元的成本。3M 中国自 2000 年开始实施 3P 计划，过去 10 年，3M 已累计减少 15.8 万吨污染排放，并节省 17.8 万吨水。此外，**3M 不仅集思广益鼓励员工参与 3P 项目，更是将 3P 计划辐射到供应链，鼓励供应商提供优秀的环保管理解决方案。3M 相信预防污染永远比处理污染更有效，同时也更经济**。这也是 3M 长久以来一直坚持的创新经验。所以，无论何时何地，3M 一直致力于从源头防止环境污染，并通过改善生产流程、循环利用废料等方式，在保

护自然资源的同时，开发支持可持续发展的产品。

就全球范围而言，2002 年以来，3M 的组织碳排放绝对值已减少 75%。在过去 20 年中，3M 已将温室气体排放量减少了 71.1%，且生产基地的零垃圾填埋占比达 45.2%，提前完成了减排目标。此外，在 3M 全球运营中，可再生能源电力的使用量已接近 50%，提前完成原定于 2025 年实现的中期目标。

2015 年至 2022 年期间，3M 产品与解决方案帮助客户减少了 1.21 亿吨二氧化碳当量的温室气体排放。在中国，3M 也始终利用 3M 的技术创新优势，**持续与客户、政府和生态系统内的合作伙伴紧密合作，不断探索新的产品应用和解决方案，实现公司运营之外的碳减排**。

专家评语

刘学

北京大学光华管理学院组织与战略管理系教授

3M 作为一家享誉世界的多元化集团，100 年来在家庭用品、医疗产品、运输、建筑、教育、电子、通信等各个领域持续创新，并始终坚持在绿色技术方面进行投入，把可持续发展理念与实践贯穿于从产品研发、生产至仓储、运输的全生命周期。作为一家跨国公司，3M 坚持本土化政策，也推动了东道国的经济社会的可持续发展。

案例六：突破者·生态飞跃之星
德力西电气

DELIXI ELECTRIC 德力西电气

相较于2022年，在“社会价值贡献”维度，生态品牌“突破者”的表现整体呈现了14%的高增长率。其中，德力西电气的品牌表现增长更高达79%。德力西电气在促进可持续发展，赋能美好生活，赋能产业升级及推动社会经济进步等方面持续践行，贯彻始终，彰显了企业的社会担当，获得了2023年生态品牌认证“生态飞跃之星”。德力西电气将能源节约、减少污染等融入企业的管理与运营，成为智能制造领域的行业标杆。此外，德力西电气积极践行企业的社会责任，如捐建希望小学、走访养老院等，体现了企业的责任担当。

随着5G技术、人工智能及工业互联网等技术与制造业的融合发展，德力西电气持续创新，研发专利已达到1300多项，同时大力推动从设计、制造到供应链协同各个环节的互联互通，推动产业数字化转型，整体自动化率达70%、关键产品线自动化率达97%。

德力西电气**将绿色理念贯穿于生产全生命周期中，积极推动能源节约、绿色技改、清洁生产、污染物减排、危险废物管理、环保设备升级等等。**为了降能耗、提效率，德力西电气斥巨资对三大基地生产线进行升级改造，通过对产线建设、系统架构、工艺设计及技术、智能制造等方面的创新管理，实现产品能耗下降超过 20%。

德力西电气还大力发展光伏项目，在厂房屋顶建设太阳能光伏发电站、光伏停车场，以及电动叉车充电站，使用清洁能源代替不可再生能源，并将引入储能系统和微电网系统，大力推进主动式配电网，同时向智能电网过渡，实现年节约电能 785 万 kW·h，**极大提升绿色可持续发展能力，成为智能制造领域的行业标杆**。

作为中国低压电气行业领军企业，德力西电气自成立起，积极履行企业社会责任，至今捐建了 20 所希望小学，每年走访 100 家敬老院，为 10000+ 贫困学子插上梦想的翅膀。每当在面对自然灾害时，数次第一时间组建团队，驰援各地，彰显了作为中国品牌的责任担当。

专家评语

王华

法国里昂商学院副校长、亚洲校长、亚欧商学院法方院长

德力西电气业务覆盖配电电气、工业控制自动化、家居电气三大领域，打造智能的居家用电环境和专业、安全、可靠、高效的工业自动化用电环境，创领中国低压电气行业企业发展新模式。该公司针对上下游企业的学习平台、数字化供应链平台，以及公益事业，都可以作为该行业生态品牌的代表型企业。

案例七：突破者
海纳云

海纳云

海纳云结合青岛“山、海、湾”特点，秉承顶层设计、利旧及共享、标准统一、全生命周期管理四大原则，综合运用物联网、大数据、人工智能、CIM+数字孪生等数字技术，定制44种风险预警分析模型的城市安全算法仓，打造符合青岛特色的“一网络、一中心、一平台、广应用”城市安全风险综合监测预警体系，**搭建城市安全“空天地”立体化感知监测网**，建设城市安全风险综合监测预警中心，打造“青岛城市安全风险综合监测预警平台”。

此项目共覆盖青岛燃气、供水、排水、热力、桥梁、地铁隧道、管廊、消防、电梯9大行业，赋能青岛实现城市安全应急**“五个自动”**智慧化效果，即自动判定预警级别、自动推算影响范围、自动给出响应范围、自动匹配处置建议、自动派发任务并跟踪反馈，形成风险“辨识—监测—预警—化解”全流程闭环管控，**最终实现城市安全监测预警“一张图”、应急指挥“一盘棋”、应急管理“一张屏”**，有效破解当前城市安全工作中事后被动处置、应急指挥处置精细化差、无法实现多主体部门的横向+纵向并联，让城市安全监测预警一触即发，应急处置一呼百应，赋能青岛建设国家安全发展示范城市，实现安全、高质量发展。

“青岛城市安全风险综合监测预警平台”已于2023年上半年正式上线运行。各专题系统共开通涉及6个委办局和32个权属单位的用户账号186个，感知设备共上线17793台，其中新建9719台，利旧8074台。截至目前，各平台系统共收集报警数量26694条，城市安全整体运行平稳，处于低风险态势。

目前，该平台建设经验做法被应急管理部官网、《中国应急管理报》和山东电视台等权威媒体宣传报道；项目建设运行水平走在全国城市安全风险综合监测预警平台建设18个试点城市前列。

专家评语

王幸

凯度集团大中华区 CEO、凯度 BrandZ 全球主席

海纳云作为国内领先的数字城市物联科技平台，利用科技能力搭建数字孪生高度可视化的智慧管理平台，为城市带来智慧化、便捷化的安全保障，赋能美好生活。

案例八：突破者
太平洋保险

太平洋保险 CPIC

太平洋保险（简称中国太保）自成立以来，与社会各界一路相伴而行，构筑以**守护绿水青山的“太保绿”、带来爱与希望的“太保蓝”及谱写共同富裕的“太保红”**为主的责任图谱。

2020 年起，中国太保持续规划建设三江源公益林，公司和员工共捐款 3300 多万元，在三江源国家公园东门户——青海省共和县德吉滩上植树造林，3 年多时间共造林 2000 余亩，植树近 12 万株，让荒漠变绿洲，为幸福滩绘就绿色画卷、为中华水塔建立绿色屏障、为海南州人民的家园增添一抹亮眼的“太保绿”。未来 30 年，这些树木将吸收二氧化碳超 48000 吨，**助力实现“双碳”目标**。同时，中国太保也通过公益林建设持续为当地创造就业机会，共用工约 11 万人次，支出劳务费用 1100 余万元，务工人员全部来自当地建档立卡贫困户。在太保三江源公益林所在地，太保又捐建了体育公园，将打造林园一体、服务于民的高品质健身新平台，让百姓尽览生态之美好、尽享运动休闲新空间。

太保蓝公益基金会于 2021 年启动为期三年的“守护记忆·万千百十”**大型公益项目**，两年来已完成 50766 例“认知症初筛”和 1503 例“认知症二筛”。中国太保建成首个“太保蓝记忆角·脑健康促进教室”，设立“太保蓝志愿者服务站”，438 名志愿者目前累计服务时间 1485 个小时。太保蓝公益基金会还捐赠 200 万元成立太保蓝星安芯自闭症专项基金，为自闭症孩子提供筛查、评估、康复等服务，获得优质康复医疗资源。

中国太保打造出具有太保特色的**乡村振兴长效机制**。聚焦临贫易贫人群，覆盖因病、因灾、因学三大致贫返贫关键因素，通过政保联办方式，开发出特色产品防贫保。防贫保目前已增点扩面至全国 1175 个区县，累计提供保险保障逾 36.5 万亿元，累计支付防贫救助资金 20.34 亿元，先后获颁“全国脱贫攻坚奖组织创新奖”等。

专家评语

王华

法国里昂商学院副校长、亚洲校长、亚欧商学院法方院长

太平洋保险在企业社会责任方面富有成效。建议未来可以运用数字平台，管理相关公益项目，并由此真正创建一个更为广阔的生态品牌。

案例九：践行者 康师傅

在康师傅的经营理念中，**食品安全和绿色低碳发展属于非竞争领域，对于自身所取得的前瞻研究和技术优势，应该积极与同业乃至全社会共享**。

2022 年 10 月，康师傅发布了国内首个茶饮料碳足迹核算标准《茶类饮料碳足迹评价技术规范》及国内首个茶饮料碳中和评价标准《茶类饮料产品碳中和评价技术规范》。这两项团体标准**均为国内首创，为茶饮料行业实践碳中和提供了“说明书”**。11 月，作为联合起草单位，康师傅与中国经济信息社联合中国企业改革与发展研究会、首都经济贸易大学等单位共同发布了《企业 ESG 评价体系》团体标准及《企业 ESG 报告编制指南》团体标准。两项团体标准的发布，为国内企业带来标准、可落地、可实施的 ESG 实践指南，将有效促进国家碳达峰、碳中和目标的实现。同月，康师傅受邀出席第五届中国国际进口博览会，并在“企业减碳实践分享”圆桌论坛上发言，与社会各界分享企业减碳和绿色发展的观点和经验。

2022 年 12 月，康师傅与阿里巴巴开展了首次跨界联手尝试，把生产饮料瓶时产生的废弃 PET 材料循环再利用，最终加工成服装、包袋、文具等环境友好型商品。首批 20000 个 rPET（回收的聚对苯二甲酸乙二醇酯）多功能收纳盒在天猫超市一经上架便被一

“抢”而空。2023 年世界地球日，康师傅联合环保解决方案合作伙伴、CROWN 皇冠、国内领先的 PET 板材制造商，经过专利技术处理后共同推出环保旅行箱，为 PET 废弃物找到了循环利用的又一有效途径。这是康师傅作为“减碳友好行动”核心发起企业，以及联合国全球契约组织（UNGC）的 GDl for SDG“缓解海洋塑料污染，助力低碳经济转型”试点项目创始参与单位，推出的第一个商业化的 rPET（回收的聚对苯二甲酸乙二醇酯）项目。据测算，一只 20 寸的旅行箱大约可以消耗 47 个康师傅常规的冰红茶 500ml 饮料瓶，若全球都实现了旅行箱 rPET 化，每年将实现大约 140 万吨的废弃 PET 再利用，等同于消耗 700 亿个回收的康师傅常规的冰红茶 500ml 饮料瓶。近年来，康师傅一直从推动高质量发展出发，将集团可持续发展理念升级为“家园常青，健康是福”，通过业务场景与绿色消费观念相结合，倡导绿色生活方式的新尝试。

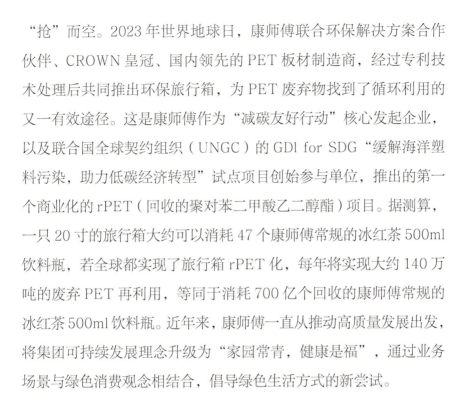

专家评语

陈宇新

上海纽约大学商学部主任
纽约大学斯特恩商学院市场营销学教授

康师傅作为快消品行业领导品牌，拥有庞大的生产和经销网络。其依靠品牌及体量优势，带动上下游伙伴，共同打造绿色价值链，对国家碳达峰、碳中和目标的实现做出了重要贡献。

案例十：践行者
华润万家

Vanguard 华润万家

在乡村振兴方面，华润万家的“万家焕乡计划”2.0，依托“一村一品”的经营模式，以品牌助农，建成焕乡助农基地 50 个，**通过规模化、标准化、品牌化和市场化建设，让区域特色明显、附加值更高的主导产品进入市场**。

在社会公益层面，华润万家**促进区域协同发展，关注教育**，以美育教育作为“教育振兴”的切入点，启动“美好流动课堂”乡村美育公益项目。截至 2022 年 11 月，共有 13 所乡村学校美术教室落成，受益学生达到 4000 人。2022 年 10 月，华润万家启动“润

莘圆梦奖学金”计划，设立专项慈善基金，为中国香港经济困难家庭学生提供奖学金。同时，华润万家也关注特殊人群，2022 年万家志愿者累计提供志愿服务 59208 个小时，通过“星星守望计划”，聚焦就业帮扶、运动愈疗等，累计服务 39098 人次，惠及孤独症家庭 743 个，成功打造出全国第一支心智类障碍跑团和全国首例由国企开展的孤独症患者支持性就业项目。

在绿色发展层面，华润万家启动“绿动万家美好”品牌可持续计划，助力绿色中国和健康中国。2022 年 3 月，华润万家发起“家庭健康安心”计划，首期活动“儿童友好货架”在全国 15 个城市共计 53 家门店落地。华润万家所实施的“迈向零碳超市”“零碳物流园”计划，推进**绿色采购、绿色运输、绿色营销**；已落成的零碳物流园通过智慧化能源管理，**使用清洁能源占比近 80%，每年预计降低碳排放量超过 2000 吨，等效植树量近 11 万棵**。

专家评语

于保平

复旦大学管理学院商业知识发展与传播中心主任

华润万家不断提升链接能力和价值共创能力，不仅实现了品牌可持续发展，更推动了绿色中国和健康中国的建设。

案例十一：践行者
中国民生银行

中国民生银行 CHINA MINSHENG BANK

在履行社会责任方面，**中国民生银行秉持“金融为民”的理念，坚持金融向善，为人们美好生活贡献金融力量**。2022年，聚焦人民群众“急难愁盼”问题，中国民生银行启动个人养老金服务，推出新型养老金融产品，优化手机银行，着力消除“数字鸿沟”，简化服务流程，不断满足人民群众基础性、多样化、个性化的金融需求；开展乐老健康大讲堂、乐老公益日、金融反诈知识等“乐老俱乐部”系列活动；鼓励员工积极投身志愿服务与社会公益活动，持续开展公益慈善事业，以实际行动倾情回馈社会。

中国民生银行于2015年起联合中国乡村发展基金会发起“ME公益创新资助计划”，项目旨在关注和支持公益领域的创新实践及社会影响力的提升，通过资助有发展潜力及社会价值的公益组

织及项目，鼓励和支持社会组织不断创新，进而推动全社会公益的健康发展。“ME 公益创新资助计划”已累计为 188 个公益项目，提供资金 8890 万元，惠及 30 个省、自治区、直辖市，受益人包括外来务工人员、心智障碍群体、残障群体、留守儿童、乡村中小学生等，项目直接受益人数达 27 万余人次。该计划**从情感化和创新化的角度出发，着重提高传播的感染力和影响力，通过讲述真实故事、传播核心价值和使命、展示成果和影响等方式，有效扩大了公益事业的影响力和受益面**。

专家评语

王幸

凯度集团大中华区 CEO、凯度 BrandZ 全球主席

中国民生银行通过发起“ME 公益创新资助计划”等公益领域的创新与实践，不断践行“金融为民”的理念，通过成熟的、可推广的运作模式，有效提升了公益活动的社会影响力。

ECOSYSTEM BRAND EVALUATION
生态品牌认证

生态品牌的创立和发展，准确把握了全球经济和科技发展大趋势，及时掌握了人民群众日益增长的美好生活需要，适应了时代进步的历史潮流。

生态品牌的创立和发展，也是依托强大的国内市场，整合现有产业链和供应链，增加有效供给，提高供需匹配性，畅通国内大循环、促进国内国际双循环的生动而富有成效的重大实践，为推动经济高质量发展做出了重要的原创性贡献。

吴晓华

中国宏观经济研究院副院长

PART 05
第五部分

永不止步的生态跃迁

第八章　从范式创新到实践普适

生态品牌创造了一种兼容并蓄、生生不息的新商业生命体，为我们开创了一种永续发展的新品牌范式。这种新品牌范式，也需要在社会的广泛实践中被验证，并得到进一步的演进和完善。

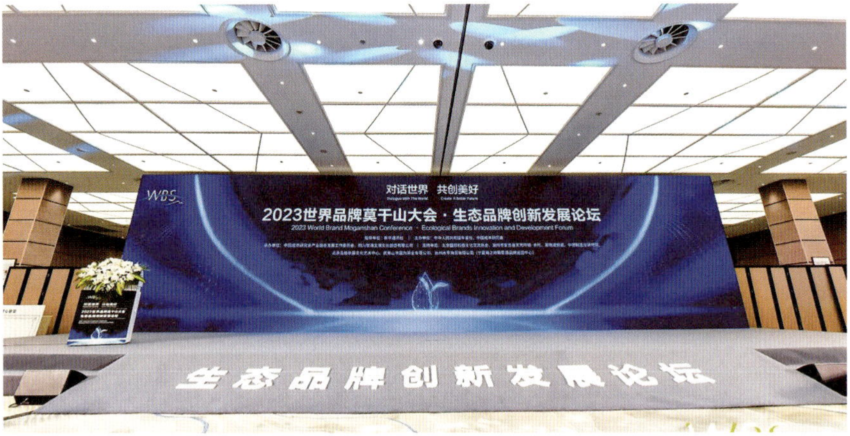

2023 年 5 月 11 日，2023 世界品牌莫干山大会·生态品牌创新发展论坛在浙江德清成功举行。论坛旨在以开放包容、联合共创为愿景，为生态品牌及正在向生态品牌转型的品牌和组织提供理论和实践方面的引导，助力品牌创新发展。

此次论坛意义非凡，成效显著。一方面，在理论层面扩展、深化了对生态品牌的认知，生态品牌是一个内涵十分丰富、寓意极为深刻的概念，此次论坛从不同的视角、不同的侧面、不同的出发点进行了广泛而深入地探讨，有助于廓清、提升生态品牌的学术价值；另一方面，在实践层面调动、激发了品牌推动生态品牌建设的积极性和能动性，在开放包容、联合共创、共赢共享的愿景之下，一定会有更多的企业追随并转型为生态品牌的探索者和实践者。此次论坛的成功举办将极大地引导、助力全国生态品牌的创新发展。

对于如何践行生态品牌、应该专注于哪里，我们总结了生态品牌建设的**三大行动建议**，希望能给品牌建设者们一些启发，并通过共同交流、探讨、学习、实践，真正让生态品牌建设朝着高质量发展的方向前进。

行动建议一：将“以用户体验为中心”落在实处

“以用户体验为中心”并不是一个新的说法。产品品牌设法满足一个个单点上的顾客需求；平台品牌追踪用户主动或被动留在平台的数据足迹，并给出针对性回应，然而这些用户体验依旧是碎片化且非连续的。生态品牌能够做到的是，汇聚整个生态中所有合作伙伴的资源及能力，使其成为完善用户体验的“眼”和“手”。一方面，生态品牌及合作伙伴共同服务于用户在场景中的综合需求，因此场景中的所有产品服务和解决方案都成为用户交互的触点，生态品牌可以全面、立体、动态地了解用户的需求；另一方面，利用生态链路的技术及能力，生态品牌可以快速地满足用户不断迭代的定制化需求。

希望向生态品牌转型或正在开展生态品牌建设的品牌，可以从**“战略先见”**和**“体验创新”**两个角度开展“以用户体验为中心”的实操落地：

战略先见

前瞻洞察：将“以用户体验为中心”变成品牌及合作伙伴的

统一工作语言，品牌及合作伙伴的所有产品服务都可以作为用户交互的触点、用户需求捕捉的触点。对用户态度、偏好、生活方式、价值观有充分的洞察数据支撑，可以帮助品牌深度理解用户需求图谱，探索不同体验迭代方式的可能性。

连续规划：品牌与合作伙伴的任何行为都不是单次的或割裂的，要有用户留存和沉淀的承接，使用户转化为终身用户。对于真正“以用户体验为中心”的品牌而言，即使用户已经选择了生态中的多个产品或服务，品牌依然会继续寻找优化迭代用户体验的方式，寻找场景中每一个能为用户创造价值的细节。

体验创新

深度交互：依托技术力量，品牌可以利用虚实结合开展深度交互，让线上活动与实体空间、数字服务与实体产品充分联动。同时，品牌也需要与用户建立有温度的情感连接，通过触点向用户传递关注与关怀，实现品牌对用户深度陪伴的真切表达。

价值共创：创造触达性强的机会，让用户参与到研发设计、迭代创新和圈层分享的过程中。对于品牌而言，用户不再是单纯的消费者，而是转变为产消者，与品牌共同成长，持续不断地为品牌献计献策，同时也共享产品、服务升级迭代产生的增值效应。

将“战略先见”及“体验创新”相结合，开展生态品牌转型及建设的品牌可以真正**将“以用户体验为中心”落到实处**，持续提供超越期待的用户体验。

行动建议二：引领用户及合作伙伴共同履行社会责任

作为一种包罗多方的新品牌范式，生态品牌正在积极主动地承担更大范围的社会责任，对生态参与各方以及经济社会发展产生长期而深远的影响。生态品牌的实践不再停留在服务用户，而上升为赋能用户，与用户共同成长；也不再仅仅为合作伙伴创造商业价值，还共同创造社会价值。

因此，生态品牌的探索者和建设者们，可以引领用户及合作伙伴共同履行社会责任，让生态的各参与方均在“**创造价值、传递价值、分享价值**”的过程中获得自我实现的价值感。

· **引领用户践行可持续消费理念。**随着 VUCA 时代的影响和人类命运共同体的号召，可持续消费已成为常态消费理念。越来越多用户愿意付出精力和金钱，将可持续理念贯彻在日常生活的各个方面。同时，用户也深知可持续发展不是个体行为，需要社会形成合力，因此希望品牌成为帮助自身塑造可持续生活方式的好帮手。品牌不仅可以通过品牌理念、产品及服务，成为用户生活方式的倡导者和引领者；还可以打造切实的可持续活动，帮助用户践行其理念。

· **引领合作伙伴共同履行社会责任。**在 2023 年的生态品牌实践中，我们已经看到生态品牌不仅在业务上赋能合作伙伴，共享资源，促进共创；还携手共同履行社会责任，赋能合作伙伴的社会贡献力。品牌应该继续携手合作伙伴，共同开展可持续行动，促进绿色发展；致力于持续不断地改善人们的生活，推动协调发展；

同时，与合作伙伴共创共享，共同推进产业升级，助力社会经济不断向更高层次发展，实现创新发展与共享发展，与生态合作伙伴一起为社会创造长期价值。

通过共同履行社会责任，生态品牌的用户、合作伙伴、品牌自身乃至更广泛的社会大众，都能够享受到具有长期效应的价值与成果。

行动建议三：通过组织架构及管理模式重塑，有效匹配生态品牌建设

越是在充满不确定性的市场环境中，品牌越需要拥有敏锐的洞察力和敏捷的反应力。敏锐洞察是让所有员工都成为市场的传感器，主动自发地寻找市场机会和满足用户需求；敏捷反应则是合理缩短决策链，保证发现机会后能够快速行动，灵活应对。

品牌可以在**员工角色、组织结构、管理模式和激励机制**这四个方面开展调整变革，提升自身的洞察力和反应力，有效匹配生态品牌的转型与建设。

·员工角色：从“打工者”转变为“生态合伙人”。企业和员工从“雇佣关系”转变为“合作关系”。员工成为生态合伙人，充分发挥积极性、责任心和主人翁意识，自主自发地为用户创造价值，同时也为企业和其自身创造价值。

·组织结构：从“职能部门构成的科层制组织”转变为“业务小分队联合构成的网状组织”。打破职能和层级的划分，围绕

用户需求组成一个个直面市场、灵活机动的业务小分队。这些业务小分队是能够展开独立行动的完整价值创造单元。小分队内的角色分配并不是僵化的，会因团队的需求变化承担不同的任务；同时，小分队本身也并非会一直存在，而是会根据不断变化的用户需求动态聚散。这些多种多样的小分队并联起了企业面向内外部的整张网络。

·管理模式：从“管控”转变为“赋能”。企业减少管控，更多扮演一个孵化器的角色。赋能主要体现在：一、人事权、财务权、决策权三权下放，给予业务小分队充分的自主权；同时保证相应的风控机制，确保业务小分队依照预期有效行动。二、搭建强大的共享平台，在数据、技术及通用资源和能力层面给予业务小分队有力支持。

·激励机制：从“员工做事，企业付薪”转变为“联合共创，利益共享”。让员工作为生态合伙人充分享受到他们所创造的商业价值，实现“高贡献、高分享”。在这种激励模式的影响下，员工会清楚地意识到用户才是为自己付薪的人，因而会时刻保持对市场和用户需求的密切关注，努力为用户创造更多价值。这反过来又使得员工获得了更多报酬，从而实现了良性的价值循环。

以上榜生态品牌的实践为例，可以更生动地看到组织重塑对生态品牌建设的有效支撑。

面对时代的机遇与挑战，海尔坚定推进人单合一模式和链群合约。“人”是员工，“单”是用户价值，“合一”就是员工在为用户创造价值的过程中实现自身价值。海尔通过管理模式和组织变革，落实“全员创客制”，把“他组织”变成“自组织”、把他驱动的“经济人”变成自驱动的“自主人”，让企业从封闭的花园变成开放的热带雨林，让每个员工都成为自己的CEO，发挥创造力和创业激情，更好地连接内外部资源，持续为用户迭代最佳体验。

中控技术通过持续构建铁三角强军阵型，大力培养高素质解决方案、销售、交付等专业骨干、专家人才，将AR（Account Responsible，客户负责人）、SR（Solution Responsible，解决方案责任人）、FR（Fulfillment Responsible，履行交付责任人）三个角色拧成一股绳，极大增强了客户对品牌的信任和粘性，全方位创造了客户价值。

相信以“合伙人化”“网状化”“赋能化”及“利益共享化”为核心的组织重塑，也将帮助品牌们顺利应对层出不穷的挑战，成功穿越周期。

以上的行动建议为生态品牌转型和建设提供了一个方向性的引导。所有生态品牌及正在向生态品牌转型的企业都可以将行动方向与自身实际相结合，灵活调整，实操运用，交出更完美的时代答卷。

第九章　生态品牌引领高质量发展

“推动中国制造向中国创造转变、中国速度向中国质量转变、中国产品向中国品牌转变”，在习近平总书记“三个转变”的重要指导下，打造世界一流品牌，推动经济高质量发展成为众多中国企业的战略目标。

通过生态品牌助力韧性发展，拉动增长引擎，是中国企业在新时代实现新突破的关键所在。

2023年2月21日，《生态品牌发展报告》研讨会在北京举行。会上，新华出版社、凯度集团、《财经》杂志联合发起了“共建生态品牌，助力高质量发展”倡议。

新发展阶段，品牌建设成为企业高质量发展的必由之路。此次研讨会以“生态品牌助力高质量发展”为主题，来自中共中央党校（国家行政学院）、北京大学等知名院校的专家学者和数十位企业家代表齐聚一堂，分享关于“生态品牌”的思考与实践，共话企业生态化转型和品牌高质量发展之道。

高质量发展是全面建设社会主义现代化国家的首要任务。新华出版社党委书记、社长匡乐成指出：“‘生态品牌’这一概念的提出，准确把握了全球经济和科技发展的趋势，适应了时代进步的历史潮流，契合了高质量发展的内在要求，必将走出一条极富特色和生命力的体系创新之路。”

我们邀请了中国宏观经济研究院副院长**吴晓华**，生态品牌认证专家委员会委员、法国里昂商学院市场营销学教授、法国里昂商学院欧亚品牌管理中心主任**陆定光**，就生态品牌如何引领高质量发展这一话题，分享他们的洞见与观点。

吴晓华
中国宏观经济研究院副院长

世界百年未有之大变局叠加日新月异的技术革新，使得我们面临着生产和生活环境的易变性（Volatility）、不确定性（Uncertainty）、复杂性（Complexity）和模糊性（Ambiguity）特征更加显著，即我们正处在一个日益强化的“VUCA”时代。在这样的时代，要实现高质量发展和高品质生活，需要推动经济社会的系统性变革。生态品牌是通过与用户、合作伙伴联合共创，不断提供无界且持续迭代的整体价值体验，最终实现终身用户及生态各方共赢共生、为社会创造价值循环的新品牌范式。生态品牌的灵活性、创新性、整体性和区隔性等特质，使得培育和发展生态品牌成为我们推进系统性变革的战略支点、应对“VUCA”时代的战略举措。

一、发挥生态品牌的宏观效应，让生态品牌成为推动经济高质量发展的重要动力

“推动中国制造向中国创造转变、中国速度向中国质量转变、中国产品向中国品牌转变”，2014 年 5 月 10 日，习近平总书记在河南考察时提出的这“三个转变”，为推动中国经济高质量发展、产业结构转型升级、打造世界一流品牌指明了方向[14]。

高质量发展已经成为当前和今后相当长时期内我国发展的时代主题，而供给侧结构性改革则是主线。推动高质量发展，要求深化供给侧结构性改革。**生态品牌的创立和发展，既是我们深化供给侧结构性改革的重要成果，也是推动经济实现高质量发展的重要力量。**

深化供给侧结构性改革，是在全面分析我国经济发展阶段性特征的基础上持续调整经济结构、转变经济发展方式的治本良方，是培育增长新动力、形成先发新优势、实现创新引领发展的必然要求。习近平总书记指出：“供给侧结构性改革，说到底最终目的是满足需求，主攻方向是提高供给质量，根本途径是深化改革。”满足需求，就是要深入研究市场变化，理解现实需求和潜在需求。**生态品牌的创立和发展，准确把握了全球经济和科技发展大趋势、及时掌握了人民群众日益增长的美好生活需要，适应了时代进步的历史潮流。**提高供给质量，就是要减少无效供给、扩大有效供给，创新现有生产要素配置和组合，优化现有供给结构，提高现有产品和服务功能，着力提升整个供给体系质量和全要素生产率，从而使得现有的产业链产出效率更高、商业模式更新、成本控制更好，

使现有的供应链差异化匹配能力更强、交易空间更大、竞争效率更高，进而使整个产业链、供应链韧性更强和核心竞争力更高。**生态品牌的创立和发展，正是依托强大的国内市场，整合现有产业链和供应链，增加有效供给，提高供需匹配性，畅通国内大循环、促进国内国际双循环的生动而富有成效的重大实践，为推动经济高质量发展做出了重要的原创性贡献。**

推动高质量发展，深化供给侧结构性改革，还是我们确定发展思路、制定经济政策、实施宏观调控的根本要求。生态品牌的创立和发展，无疑也为我们加快形成推动高质量发展的指标体系、评价标准提供了重要的参考内容，值得我们在宏观层面高度重视。

二、发挥生态品牌的中观和微观效应，让生态品牌成为增强经济发展韧性和提高生活品质的重要推手

由中国企业所引领实践的生态品牌范式，聚焦优质供给品牌，快速精准满足用户的一站式、个性化消费升级需求，干了单一企业、单一行业想干而干不了、干不好的事，实现了需求牵引供给、供给创造需求的高水平动态均衡，有力、有序、有效推动了质量变革、效率变革和动力变革。

质量变革是高质量发展的基础保障，生态品牌的创立和发展是引领质量变革的基础力量。生态品牌战略的实施，就是要根据市场和技术的变化，持续创新影响产品质量、生产质量和生活质量的生产经营体制和竞争机制，进而提升消费者的获得感、安全感和体验感，全面提升生活质量，最终完善促进消费的体制机制，

增强消费对经济发展的基础性作用，促进经济高效循环。

效率变革是高质量发展的主要内容，生态品牌的创立和发展是推动效率变革的主要路径。一般认为，这里的效率主要包括生产效率、市场效率和协调效率三方面内容。生产效率则又主要强调要素配置效率、企业运行效率和生产组织效率三方面内容。市场效率一般也主要包括市场准入效率、市场匹配效率和市场交易效率三方面内容。协调效率则主要是指经济与社会、经济与生态之间的协同关系和运行效率。根据对生态品牌领航者的观察，我们可以清晰地发现，生态品牌的创立和发展能够有效创新要素的市场化配置，创新企业的组织方式和经营方式，有效促进企业适应个性化、多样化的需求变动，创新经营理念和管理方法，推进供给体系创新，有效实现供需动态平衡，推进中国由“制造大国”迈向“制造强国”。

动力变革是高质量发展的关键保障，生态品牌的创立和发展为动力变革提供了关键一招。动力变革是指供需支撑能力和生产要素保障能力的变化调整。从供需支撑能力来看，主要是针对供给和需求在宏观经济运行中的主导作用变化；从生产要素保障能力来看，则包括劳动力、土地、资本等传统要素和技术、文化、数据、生态环境等现代要素对经济增长的带动作用大小变化。根据对领先的生态品牌的观察，我们可以清晰地发现，生态品牌的创立和发展很好地适应了我国社会主要矛盾的转变，更加突出了高质量供给在经济运行中的主体地位和主导作用。长期以来，我国都面临着“人民日益增长的物质文化需要”与“落后的社会生产”

之间的矛盾，需求处于主动地位和主导作用，扩大生产规模、提高产出增速、满足需求增长成为我国经济增长的重要动力。而随着我国社会主要矛盾逐步转化为“人民日益增长的美好生活需要”与“不平衡不充分的发展”之间的矛盾，提高供给的质量和水平，优化供给的结构和体系，满足“以人民为中心”的多层次、个性化和灵活性需求成为新的经济发展动力。根据对现有生态品牌实践的观察，我们还可以清晰地发现，生态品牌的创立和发展突出了技术、文化、数据、生态环境等现代要素对经济增长的带动作用，生态品牌成为智能经济时代的“弄潮儿”。

三、发挥生态品牌的溢出效应，让生态品牌成为引领中国品牌行稳致远的重要方向

追求品质、品位、品格，已经成为我国品牌经济发展的主方向，也是提高人民生活水平的主潮流。大力宣传知名自主品牌，讲好中国品牌故事，提高自主品牌影响力和认知度，已经成为全国上下的共识。自2017年起，我国将每年5月10日定为“中国品牌日”，就是这一共识形成的重要体现。生态品牌的创立和发展，极大丰富和发展了中国品牌战略的理论体系和实践内容，大大提升了中国品牌战略实施的广度和深度，更使中国品牌战略提高到一个前所未有的崭新高度。

为了发挥好生态品牌对中国品牌战略的引领带动作用，需要加强对生态品牌的理论认知和实践推广。以生态品牌的定义为基础，加快普及生态品牌认证体系也就成了时代的必然要求。正如《物

联网生态品牌发展报告》指出的那样，在物联网时代，如果固守传统的品牌模式，试图用单个企业有限的、线性的、确定的创造力去满足无限的、非线性的、动态的消费者需求，那品牌必定陷入日益脆弱的局面。因而，为中国经济高质量发展考虑、为中国品牌高质量发展考虑，我们需要建立科学而权威的生态品牌认证体系，进一步增加全社会、全企业对品牌战略的思想认知，激发更多企业乃至整个社会的思想齿轮高效耦合运转。

《生态品牌发展报告（2023）》介绍了生态品牌认证体系的评估模型，该模型从三大视角出发衡量品牌表现：共同进化视角、价值循环视角以及品牌理想视角。从这三个视角观察衡量生态品牌的培育和发展，从纷繁的品牌实践中，聚焦表达了品牌共同体意识、品牌永续发展理念和品牌整体价值最大化要求，较为充分地体现了生态品牌的本质内涵和实质要义。共同进化，就是要生态体系内的各参与方共生共进，这是生态品牌蓬勃发展的必要条件；共同进化表现在品牌与用户持续交互以及与生态合作方协同共创；同时，在品牌构筑的生态中，各参与方之间也能够更顺畅地进行交互与共创，共同推进生态的进化。价值循环，就是要生态体系内的价值持续、循环增长，这是生态品牌永续发展的充分条件；品牌持续为用户及生态合作方创造价值、传递价值、分享价值，形成循环往复。品牌理想，就是要为促进可持续发展及提升社会的整体价值做出贡献，是生态品牌的必然使命；品牌理想的核心是“人的价值最大化”，也就是“以人民为中心的全面发展现代化”，品牌在实现用户、生态合作方、员工价值最大化的同时，也为社会整体价值最大化贡献力量。

《生态品牌发展报告（2023）》剖析了“生态品牌势能图”，并将其划分为颜色由浅至深的三个区域，分布于这三个区域中的品牌分别属于“践行者”“突破者”和“领航者”。**践行者**，有意愿转型为生态品牌，已经有所行动；**突破者**，生态品牌转型取得突破，进展相对较快；**领航者**，生态品牌建设取得成果，具有引领作用。将全球品牌的进化体系做了三大象限的划分并进行这样的命名，非常形象直观，也完全体现出发展实际。祝愿越来越多的企业成为生态品牌的勇敢“践行者”，越来越多的企业成为生态品牌的坚定“突破者”，越来越多的企业成为生态品牌的胜利“领航者”，共同汇聚成推动中国品牌高质量发展的磅礴力量。

陆定光
法国里昂商学院市场营销学教授
法国里昂商学院欧亚品牌管理中心主任

《财经》杂志：2014 年 5 月，习近平总书记提出“三个转变”；2022 年 7 月，发改委等部门发布《关于新时代推进品牌建设的指导意见》；2023 年 2 月，中共中央、国务院印发《质量强国建设纲要》。你如何解读这一系列国家层面推动品牌建设的顶层设计？为何这个时代要特别强调品牌建设？

陆定光：从中国的经济发展情况看，品牌建设一定是下一阶段高质量发展的重点。过去中国制造大多是代工形式，企业是能赚到钱。但从国家角度全盘考虑，代工是供应链中利润最小的，如此持续下去是不利于提高企业实力和综合国力的，必须要向更高一层发展。

而根据来源国效应（Country-Of-Origin Effect）理论，如果国家来源地、产品来源地、品牌来源地无法产生正面的来源国效应，那么会对产品购买者的评价、态度以及购买意图产生负面影响。所以对中国而言，通过提高质量、创新水平提升中国品牌的形象，将有利于中国获得更加正面的来源国效应，对中国企业出海也会有很大帮助。

《财经》杂志：对于企业而言，打造强大的品牌有何价值？

陆定光：从企业战略管理视角来看，是否强化品牌建设是企业的一个战略选择。中国企业在过去处于起步阶段，生产、管理都还跟不上，根本谈不了品牌。但随着中国企业的发展，许多企业已经具备了打造强大品牌的能力。

研究显示，品牌对于企业发展的延续性至关重要。从生命周期角度看，企业最基本的是产品生命周期。第二个层次是产品类别的生命周期。第三个层次是行业的生命周期。最高一层，就是我们谈的品牌生命周期。品牌生命周期相对而言最长，有很多品牌已经超越原本所在的行业，甚至原本的行业已经消失了，品牌却能够在新的行业获得更大的市场空间。在这种情况下，强大的品牌帮助企业实现了长期的、跨越周期的发展。

《财经》杂志：现阶段，中国企业在品牌建设中面临的普遍难题是什么？

陆定光：我们倡导的价值导向的品牌，是把品牌视为一个价值体系。但在许多企业中普遍存在的问题是品牌与销量的直接挂钩。品牌建设的终极目的不是推动销量，一个成功的品牌永远不愁销售，在用户与品牌的强关系属性之下，用户一定会主动购买。品牌是企业的宝贵资产，它能为企业提供一个持续发展的重要引擎，令企业实现资产增值。

《财经》杂志：过去几年，有许多企业都参与到“生态品牌”的建设和认证当中，为何这一新品牌范式能得到企业认可？

陆定光：生态品牌可以为用户创造终身价值。很多研究都证明，忠诚用户的平均消费要比普通用户高，并且消费持续时间可能长达十年、二十年。我在对企业的跟踪研究中也发现，忠诚用户不仅平均消费更高，他们也更愿意向朋友做推荐，其实是帮助企业节省了拓展和维护用户关系的费用。所以也可以说，终身用户让企业赚到更多钱，获得更高的利润。价值共创是企业获得终身用户的有效途径。在用户体验为主导的逻辑之下，生态品牌强调共创价值、共享价值，其方式是通过某一或一系列共创的行为实现价值循环。像今天很多用户需要的个性化、多元化解决方案，单一企业是做不了的，一定是联合用户和其他合作方共创，给用户提供更好的价值，迭代更好的体验，才能获得终身用户的持续选择和信赖。

《财经》杂志：在实际建设生态品牌的过程中，企业需要注意哪些要点？

陆定光：首先，品牌建设作为系统性战略工程，一定要由企业高层推动，可以是一位最高领导者，更好的是一个委员会，因为他们能够统筹调动资源，从而推动生态品牌的实践和落地。第二，企业需要从战略管理的高度上思考，理解并接纳生态品牌的理念，推进长期的生态品牌建设，避免短视思维。第三，生态品牌建设要有组织模式、激励机制相匹配，引导组织内部各个层级将生态品牌建设与日常工作进行结合。

《财经》杂志：作为生态品牌认证专家委员会委员，你如何评价生态品牌对推动高质量发展的价值？

陆定光：从用户角度看，消费者会获得更符合需求的服务和解决方案，其生活品质和满意度会得到提高。从企业角度看，能够提升运营效率，降低成本和风险，获得更大的价值空间。从社会角度看，生态品牌能够实现资源的更优分配。企业通过生态系统内的合作，能够实现相对的资源利用最大化，避免竞争导致的产品同质化、零和博弈，从而推动经济的高质量增长。

贯彻新发展理念、推动高质量发展，是关系现代化建设全局的一场深刻变革。最后，我们将从**品牌层面、产业层面和宏观层面**，展望生态品牌如何引领高质量发展。

品牌层面

生态品牌建设提升品牌竞争力。在颠覆性创新频出的今天，企业和品牌的竞争本质已经发生了变化。竞争不再是简单地提供差异化价值，而是面向个性化且不断迭代的市场需求，找到多维度、跨场景的合作与连接方式，形成商业生态，真正实现跨越周期的增长，在激烈的竞争中持续发展、创造价值。

生态品牌建设提升品牌号召力。生态品牌具备像“热带雨林”般的开放生态，连接百业，赋能千企，具有跨行业、跨领域、跨区域的影响力。同时，为确保所有生态参与方的顺畅合作，生态品牌设定和执行统一的标准、规则或机制，确保生态内的合作质量及效率。例如，生态品牌通过确立统一的技术标准及规范，为生态合作伙伴的互联互通奠定基础；通过设计良好的监管机制，明确生态内的基本合作框架，让整个生态有机发展。

生态品牌建设提升品牌领导力。生态品牌的创立和发展，是深化供给侧结构性改革的重要成果。在技术创新、制度创新、模式创新、管理创新等方面，生态品牌走在前列，通过产业培育与孵化，前瞻性地把握行业趋势，具有导向性和指引性[15]。

从品牌层面来看，生态品牌建设通过提升品牌竞争力、号召力和领导力，帮助企业打造世界一流的品牌，对形成**品牌全球影响力**，实现**创新发展、开放发展**做出重要贡献。

产业层面

生态品牌建设实现资源的开放共享，促进行业内和跨行业的集聚效应。正如自然生态为生命体成长提供了水、阳光、空气等必要元素，生态品牌也为生态内的合作伙伴提供了公共资源，能够带动产业提质增效、快速成长。生态内共享的资源包括技术和信息：技术的研发迭代成本、信息的收集处理成本都相当昂贵；而生态品牌通过技术和信息资源共享，将高成本的技术研发转为较低成本的技术共享，将高成本的信息收集处理转为较低成本的信息传递，使二者成本大幅下降，开始具备公共产品的特性[16]。除此之外，运营、金融、组织、营销等通用的商业能力也是重要的可共享资源。生态品牌帮助生态内的各方充分发展，利用生态内的学习效应、信息整合效应和资源外溢效应，建设现代化产业体系，实现高质量发展。

生态品牌建设推动生态参与方协作共创，实现增值分享、共赢共生。生态品牌跨越众多产业，覆盖多元参与方。因此，生态品牌打造了一个可以充分协作的网络，打破行业壁垒，进行跨界共创，扬长避短，加速创新，以灵活应对瞬息万变的市场需求。同时，生态品牌“将蛋糕做大做好”，不断壮大产业规模、优化产业结构，并与生态参与方共享发展的成果，实现共赢共生。生态品牌建设遵循高质量发展的重要目标，以效率变革、动力变革促进质量变革，不断实现突破。

从产业层面来看，生态品牌建设推进开放共享、协同共创、共赢共生，助力品牌实现突破性成长、颠覆性创新，创造价值循环，推动**创新发展、共享发展**。

宏观层面

生态品牌建设助力环境资源的可持续发展。良好的生态环境是最普惠的公共产品，绿色发展、建设生态文明是保障可持续发展的重要基石。作为时代的引领型品牌范式，生态品牌在发展中坚持保护环境、保障资源永续利用的理念，积极创造长期价值。生态品牌不仅自身承担更大范围的社会责任，还赋能用户及合作伙伴共同实现可持续发展。通过共同履行社会责任，生态品牌的用户、合作伙伴、品牌自身乃至更广泛的社会大众，都能够享受到具有长期效应的价值与成果。

生态品牌建设实现“人的价值最大化”。生态品牌致力于提升人们的物质生活和精神文化水平，带来定制化且持续迭代的优质产品与服务，满足人们日益增长的美好生活需要，进而增进社会的整体福祉。同时，生态品牌有效助力协调发展：赋能小微企业，帮助它们以更加平等的姿态与大公司展开竞争，释放商业潜能；促进区域协调，帮助更广泛的地市区县像一线城市样板那样，更快、更好地实现数字化转型升级，深化智慧城市、智慧乡村建设。以“人的价值最大化”为中心，生态品牌激发了行业乃至整个社会的思想齿轮运转，推进新发展理念破浪远航。

从宏观层面来看，生态品牌建设助力可持续发展，实现“人的价值最大化”，将绿色发展、协调发展、共享发展推向新高度。

高质量发展阶段，创新成为第一动力，协调成为内生特点，绿色成为普遍形态，开放成为必由之路，共享成为根本目的。**大道不孤，生态品牌将长期坚持在经济社会发展的第一线，在全流程和各领域深入贯彻新发展理念，让高质量发展的磅礴力量惠及整个社会。**

ECOSYSTEM BRAND
EVALUATION
生态品牌认证

APPENDIX

附　录

表 GICS 行业定义

行业板块	行业定义
日常消费品	涵盖对经济周期敏感度较低的企业，包括食品、饮料和烟草制造商与经销商，以及非耐用家居用品和个人产品制造商。亦涵盖食品和药品零售商。
房地产	包括经营房地产管理与开发活动以及股票型房地产投资信托(REIT) 的公司，如多元化项目、工业大厦、酒店和度假村、办公室、医疗保健设施、住宅、租赁及特定项目 REITs，但不包括抵押 REITs。
信息技术	涵盖提供软件和信息技术咨询与数据处理的公司，互联网服务和家庭娱乐除外。包括技术硬件与设备的制造商和经销商，如通信设备、手机、计算机、电子设备和半导体等。
工业	包括建筑制品、电气设备与机械、航空航天和国防产品的生产商和经销商。包括建筑工程、打印、环境服务、人力资源服务、研究咨询服务和运输服务等商业服务提供商。
金融	包括银行、非银行储贷机构，以及多元化金融服务、专业金融、消费金融、资产管理与证券托管、投资银行业务与经纪服务、资本市场服务、金融交易所、数据和分析、保险承保人与经纪人以及抵押 REIT 等多元化金融服务提供商。

续表 GICS 行业定义

行业板块	行业定义
公用事业	包括水、电、燃气等公用设施的公用事业公司。以及使用可再生能源发电和配电的独立电厂和能源交易商与公司。
原材料	包括生产化学品、施工材料、玻璃、纸张、林业产品和有关包装产品的公司，以及金属、矿物和采矿公司，包括钢铁生产商。
可选消费品	包含对经济周期敏感度较高的企业，如汽车、家庭耐用消费品、休闲设备、服装纺织制造商。以及酒店、餐厅和其他休闲设施等服务与零售。
医疗保健	包括医疗保健提供商与服务、生产和经销医疗保健设备与用品的公司以及医疗技术公司。以及制药和生物技术公司。
通讯业务	包含主要通过互联网、宽带、蜂窝网络、电缆和固网等网络提供如信息、广告、娱乐、新闻和社交媒体内容的公司。
能源	涵盖从事油气、煤炭和可消耗燃料的勘探、生产提炼和销售、储存和运输业务的公司。以及供应油气设备与服务的公司。

数据来源：全球行业分类标准 GICS（Global Industry Classification Standard）

参考文献

1. 海尔集团微信公众号．张瑞敏：我们要成为物联网时代的生态品牌．2018.4.24.
2. 中国信息通信研究院．全球数字经济白皮书．2023.7.
3. 新华通讯社．习近平：高举中国特色社会主义伟大旗帜 为全面建设社会主义现代化国家而团结奋斗——在中国共产党第二十次全国代表大会上的报告．2022.10.16.
4. 伊恩·莫里斯．文明的度量：社会发展如何决定国家命运．李阳 译．北京：中信出版集团．2014.6: 38–41.
5. 凯度集团，牛津大学赛德商学院，海尔集团．物联网生态品牌发展报告．北京：新华出版社．2020: 20–21.
6. 凯度集团，牛津大学赛德商学院，海尔集团．物联网生态品牌发展报告．2020: 10–13.
7. 秦朔．张瑞敏罕见发声：冬天对谁都冷，不能长了冻疮就不干活了．正和岛．2022.10.12.
8. 中国家电及消费电子博览会．科技赋能生活 围绕用户创新实现引领——从 AWE2023 看行业发展十大趋势的报告．2023.6.27.

9. 中国新闻周刊．数字化转型，到底难在哪里？ 2023.6.25.

10. 凯度集团，牛津大学赛德商学院，海尔集团．物联网生态品牌发展报告．北京：新华出版社．2020: 33.

11. 三浦展．第四消费时代．马奈 译．北京：东方出版社．2014.9: 93–94.

12. 上海证券报．数实融合，人的融合．2023.7.5.

13. 新华通讯社．习近平：高举中国特色社会主义伟大旗帜 为全面建设社会主义现代化国家而团结奋斗——在中国共产党第二十次全国代表大会上的报告．2022.10.16.

14. 杨凌．“三个转变”推动河南企业高质量发展．人民网．2020.05.11.

15. 中国社会科学院工业经济研究所．从三个层面理解高质量发展的内涵．人民网．2019.9.9.

16. 林毅夫．解读中国经济（增订版）．北京：北京大学出版社．2018.5.

致谢

生态品牌的探索与研究非孤军作战、一蹴而就之事，在生态品牌的发展进程中，我们有幸得各行业实践者分享经验，有幸与各领域专家激荡思想。

感谢专家委员会对 2023 年生态品牌认证的指导。

专家委员会

Andrew Stephen 安德鲁 · 史蒂芬	牛津大学赛德商学院教研副院长
陈宇新	上海纽约大学商学部主任、纽约大学斯特恩商学院市场营销学教授
Felipe Thomaz 费利佩 · 托马斯	牛津大学赛德商学院市场营销学副教授、“未来营销倡议组织”研究学者
刘学	北京大学光华管理学院组织与战略管理系教授
陆定光	法国里昂商学院市场营销学教授、法国里昂商学院欧亚品牌管理中心主任
王华	法国里昂商学院副校长、亚洲校长、亚欧商学院法方院长

王幸	凯度集团大中华区 CEO、凯度 BrandZ 全球主席
于保平	复旦大学管理学院商业知识发展与传播中心主任

（以上名单不分先后）

感谢以下贡献者为 2023 年生态品牌认证提供了宝贵的专业洞察和支持：

Elizabeth Smethurst，Johnny Panagiotidis，Nicola Dixon，Tamara Sanchez，鲍琪，卜亚君，陈卓，陈子轩，代玉恒，董敏，何燕臣，侯群，黄倩，贾梦莹，荆鹏飞，李测宇，李佳骅，李晓睿，李迎鑫，廖琦菁，鲁汶婷，慕现敏，宁良春，潘宇辰，秦莹莹，孙启超，唐伟，王佳跃，王娟，王克翀，王蕾，王晓红，王一冰，王卓彦，武朋，冼玥琪，殷金鑫，张丹丹，张瑜

（以上名单不分先后）

感谢以下品牌建设者为 2023 年生态品牌认证做出的积极贡献，感谢以下品牌提供了宝贵的实践案例：

（按品牌名称拼音排序）

3M

3M 中国企业传播部

作为一家世界领先的多元化科技创新企业，3M 早在 1984 年 11 月就在中国注册成立 3M 中国有限公司。这是在深圳经济特区外成立的中国第一家外商独资企业。3M 中国在过去的 30 多年里始终密切把握中国经济的发展脉搏，秉承“扎根中国，服务中国”的本土化发展战略，凭借多元化的技术和解决方案，积极支持中国经济的建设和发展。目前，3M 公司在中国建立 9 个生产基地、4 个技术中心和 1 个研发中心，员工 8000 人。

3M 的产品和技术早已深深地融入人们的生活。100 多年以来，3M 开发了六万多种产品，涵盖从家庭用品到医疗产品，从运输、建筑到商业、教育和电子、通信等各个领域。

3M 公司在可持续发展领域长期处于领先地位，且多年来持续不断对绿色技术进行投入。早在 1975 年，3M 便行业首创了 3M 污染防治投资项目。如今，3M 更是把可持续发展理念与实践贯穿于从产品研发、生产至仓储、运输的全生命周期。

百度

余 欢 百度集团科技与社会研究中心主任
李 悦 百度集团科技与社会研究中心研究员

百度是拥有强大互联网基础的领先 AI 公司。是全球为数不多的在芯片层、框架层、模型层和应用层进行四层全栈布局的公司之一。百度以“用科技让复杂的世界更简单”为使命，坚持技术创新，致力于“成为最懂用户，并能帮助人们成长的全球顶级高科技公司”。

百度每天响应来自100余个国家和地区的数十亿次搜索请求，是网民获取中文信息和服务的最主要入口。基于搜索引擎，百度演化出语音、图像、知识图谱、自然语言处理等人工智能技术；最近10年，百度在深度学习、对话式人工智能操作系统、自动驾驶、AI 芯片、大模型等前沿领域持续进行压强式研发，并成为全球第一个发布大语言模型产品的科技大厂。公开数据显示，2022 年百度核心研发费用 214.16 亿元，占百度核心收入比例达到 22.4%；在技术专利方面，截至 2023 年 4 月，百度全球人工智能专利申请超过 2.4 万件，中国人工智能专利申请量近 1.8 万件。专利申请量及授权量均排名国内首位，并已连续 5 年蝉联榜首。2023 年 7 月，IDC《AI 大模型技术能力评估报告，2023》报告显示，百度文心大模型 3.5 版本共拿下 12 项指标的 7 个满分，综合评分稳居国内第一，并获得了算法模型维度的唯一的满分。

经过多年布局，百度有深厚的 AI 技术积累，全栈的 AI 布局，繁荣开放的 AI 生态，加上领先的互联网平台优势，百度形成了移动生态、百度智能云、智能驾驶及更多人工智能领域前沿布局的多引擎增长新格局，积蓄起支撑未来发展的强大势能。

德力西电气

王　策　德力西电气品牌总监

胡晓春　德力西电气品牌活动及媒体策略负责人

梁　爽　德力西电气品牌公关

作为中国改革开放第一代优秀民营企业，德力西集团历经近四十载的不懈奋斗，在广大客户和合作伙伴的长期信赖与支持下，于 2007 年与全球 500 强施耐德电气强强携手，合资成立德力西电气有限公司（简称“德力西电气”）。德力西电气业务覆盖配电电气、工业控制自动化、家居电气三大领域，致力于以高性价比、高效率和高质量的产品与服务，为全球新兴市场客户创造舒适、美观、安全、智能的居家用电环境和专业、安全、可靠、高效的工业自动化用电环境，创领中国低压电气行业企业发展新模式。

德力西电气以客户和合作伙伴的利益为出发点，坚持以技术创新、质量保障、五星服务、品牌驱动为经营理念，打造电气全产业链新生态。其拥有 1000 多家一级代理商、60000 多家线下门店、多个线上销售平台和合作伙伴，并拥有 5 个研发中心、3 个国家级实验室、4 大自动化工业生产基地、五星级客户支持服务团队、15 个物流中心、数十个运输合作伙伴、和在发展中国家的 4 大业务合作伙伴，以及持续一致的全方位品牌建设及宣传，致力在全球范围内创造最佳客户体验闭环。

钉钉

钉钉市场与公共关系部

钉钉是阿里巴巴打造的企业级协同办公平台与应用开发平台，为企业和组织机构提供数字化的工作、分享和协作方式。是数字经济时代的企业组织智能协同办公平台和智能应用开发平台，是新生产力工具和“超级应用”。

在数字经济规模高速增长的今天，钉钉作为数字化、智能化管理思想的载体，通过打造简单、高效、安全、智能的数字化未来工作方式，助力企业的组织数字化和业务数字化，实现企业管理“人、财、物、事、产、供、销、存”的全链路数字化，提升企业的经营管理效率。

截至2022年9月30日，钉钉用户数已经突破6亿，包括企业、学校在内的各类组织数超过2300万。去年3月，钉钉正式宣布品牌升级，推出了全新的品牌主张“让进步发生”，代表钉钉从规模时代进入到价值时代。去年12月，钉钉正式发布7.0版本，推出全新的产品理念“群2.0”，重新定义群聊，通过建群使不同的企业之间、上下游伙伴之间像一家公司一样无缝协同。

海尔

Haier

海尔集团品牌管理部

海尔集团创立于 1984 年，是全球领先的美好生活和数字化转型解决方案服务商。我们始终以用户为中心，在全球设立了 10 大研发中心、71 个研究院、35 个工业园、138 个制造中心和 23 万个销售网络，连续 5 年作为全球唯一物联网生态品牌蝉联“BrandZ 最具价值全球品牌 100 强”，连续 14 年稳居“欧睿国际全球大型家电品牌零售量”第一名。集团旗下有 4 家上市公司，子公司海尔智家位列《财富》世界 500 强和《财富》全球最受赞赏公司。我们拥有海尔、卡萨帝、Leader、GE Appliances、Fisher & Paykel、AQUA、Candy 等全球化高端品牌和全球首个智慧家庭场景品牌三翼鸟，构建了全球引领的世界级工业互联网平台卡奥斯 COSMOPlat 和物联网大健康产业生态盈康一生，旗下创业加速平台海创汇已孵化加速 7 家独角兽企业、107 家瞪羚企业和 124 家专精特新“小巨人”。海尔作为实体经济的代表，持续聚焦实业，布局智慧住居和产业互联网两大主赛道，建设高端品牌、场景品牌与生态品牌，以科技创新为全球用户定制智慧生活，助推企业实现数字化转型，助力经济社会高质量发展、可持续发展。

海纳云

海纳云

陈　斌　海纳云董事长

周　哲　君一控股集团战略 & 品牌平台总经理

王　玮　海纳云首席架构师

金　岩　海纳云首席技术官

数字城市物联科技平台海纳云，依托海纳云星海数字平台，打造数字应急与城市生命线、数字市政、智能建造与数字孪生、数字城市治理、数字社区 / 园区 5 大应用场景，赋能城市生活数字化、经济数字化和治理数字化转型，连续两年上榜“中国 500 最具价值品牌”榜单，系数字城市行业唯一。

华润万家

华润万家是华润集团旗下优秀零售连锁企业，业务覆盖中国内地及香港市场。1984 年华润万家在中国香港开设首家超市，现在全国 112 个城市经营约 3300 多家门店，全国员工 95000 多名，超市业务连续多年位居中国前列。

华润万家秉承“引领消费升级、共创美好生活”使命，持续通过多业态优化、全渠道模式经营发展，致力于成为消费者喜爱的全渠道零售商，为商圈居民构建黄金社区，共创美好生活。在近年发展中，围绕打造和谐幸福的商圈，提升居民消费品质的理念，华润万家推出了全新品牌“萬家”，同时，通过“萬家 APP”、“智慧零售”等新服务方式提升门店服务质量，通过线上线下一体化和全渠道布局，开启品质消费的新篇章。旗下高端品牌 Ol é，倡导自然、精致、品质的生活方式；旗下其他品牌如苏果、U 购 select 在各自的细分领域经历了多年市场考验，成为广受当地消费者熟悉与喜爱的品牌。

成立 39 年以来，华润万家始终保持社会责任理念，通过打造“民生食安”、“乡村振兴”、“美好流动课堂”、“绿动万家美好”、“润莘圆梦”等项目，更好地与社会各界沟通，发挥创新想法，推动现有业务，积极投身公益事业。

京东方

BOE

司　达　京东方科技集团副总裁、首席品牌官
张　莹　京东方科技集团品牌中心中心长
张　贺　京东方科技集团融媒体中心中心长
张杨赞　京东方科技集团品牌经理

京东方科技集团股份有限公司（BOE）创立于 1993 年 4 月，是一家领先的物联网创新企业，为信息交互和人类健康提供智慧端口产品和专业服务，形成了以半导体显示为核心，物联网创新、传感器及解决方案、MLED、智慧医工融合发展的“1+4+N+ 生态链”业务架构。作为全球半导体显示产业龙头企业，BOE（京东方）带领中国显示产业实现了从无到有、从有到大、从大到强。目前全球每四个智能终端就有一块显示屏来自 BOE（京东方）。截至 2022 年底，京东方累计自主专利申请已超 8 万件，位列美国专利授权排行榜全球第 11 位，连续第五年跻身全球 TOP20。京东方基于核心基因和能力提出的“屏之物联”发展战略，将显示与各类物联网驱动要素主动融合，将屏幕从单一显示器件升级为人类信息交互的重要端口及物联时代数实融合的第一触点，通过为“屏幕”集成更多功能、衍生更多形态、植入更多场景，让屏赋能物联网千行万业，持续创造价值。我们的品牌使命是“用心改变生活”，期望以创新科技赋能美好生活，在家庭、在广场、在每个人类生活的地方，眼之所见，心之所想，皆有京东方的存在。

卡奥斯

王 娟 卡奥斯品牌总经理

卡奥斯物联科技股份有限公司成立于2017年，致力于成为引领万物互联时代数字化变革的科技企业。基于海尔近40年制造经验，首创了以大规模个性化定制为核心、引入用户全流程参与体验的工业互联网平台——卡奥斯COSMOPlat，构建了跨行业、跨领域、跨区域立体化赋能新范式，赋能多个行业数字化转型升级。

经过快速稳健发展，平台估值超164亿元，品牌价值达868.26亿元；连续5年位居国家级“双跨”平台首位；主导、参与制定ISO、IEEE、IEC、UL四大国际标准，并牵头制定了首个工业互联网系统功能架构国际标准，填补了国际空白。目前卡奥斯COSMOPlat已赋能打造了首批首家“数字领航企业”、7座世界“灯塔工厂”，孕育了化工、模具、能源等15个行业生态，并在全球20多个国家推广复制，助力全球企业数字化转型。

康师傅

王世琦　康师傅控股执行长室副总裁兼可持续发展委员会总协调

康师傅控股有限公司（以下简称“康师傅”）主要在中国从事生产和销售方便面及饮品，于1992年开始生产方便面，并于1996年2月在香港联合交易所主板上市，公司总部位于中国上海。2012年3月，进一步拓展饮料业务范围，完成与PepsiCo中国饮料业务之战略联盟，开始独家负责制造、灌装、包装、销售及分销PepsiCo于中国的非酒精饮料。2022年8月22日，公司市值达716亿港元，为摩根士丹利资本国际（Morgan Stanley Capital International，MSCI）中国指数成份股及恒生中国（香港上市）100指数成份股，2022年11月，康师傅被纳入恒生指数。

康师傅作为中国家喻户晓的民族品牌企业，经过多年的耕耘与积累，深受中国消费者的喜爱和支持。目前本集团的各大品项产品，皆已在中国食品饮料市场占据显著市场地位。作为中国快消品行业的领导品牌，康师傅肩负引领行业食品安全与质量保障的使命。通过不断构建和完善管理体系，建立风险预防管理机制，实施食品安全的全方位控制，康师傅致力于确保产品质量与安全，为广大消费者提供安全、美味、健康的产品。

康师傅以“弘扬中华饮食文化”为使命，以“成为受尊崇的企业”为愿景，秉持“家园常青，健康是福（Keep Our Nature

Green）”的可持续发展理念，与利益相关方密切沟通，不断探索并精进自身在 ESG 领域的绩效表现，致力于将企业价值与利益相关方分享，积极履行社会责任，提升社会福祉，与利益相关方共同畅享“欢乐饮食，美好生活”。

骊住

LIXIL
Link to Good Living

陶 江 骊住水科技集团大中华区领导
王 琼 骊住水科技集团大中华区市场营销领导

骊住集团是全球卫浴与家装产品制造商中的先驱者，竭诚助力世界各地的消费者应对日常生活中的各种挑战，让人们无论身在何处都能享有更美好的家。通过从日本传统汲取精华，不断革新突破以制造改善居家环境的卓越产品。骊住的特别之处在于：通过匠心独运的设计、坚持开拓进取精神、致力于创新产品的使用体验，以负责任的方式驱动业务稳步增长。骊住的经营理念通过旗下各大品牌得以有力地彰显，包括德国高仪、美国美标、日本伊奈和骊住厨房等。骊住集团的业务遍及全球逾 150 个国家，拥有近 55000 余名员工，他们每天生产制造着影响 10 亿多人生活的产品。

太平洋保险

太平洋保险 CPIC

申屠婷　太平洋保险品牌部高级经理
陈传知　太平洋保险品牌部经理

1991 年 5 月 13 日，太平洋保险在上海成立。历经三十多年发展，已成长为一家资本雄厚、价值不断提高、风险管控能力强、专业水平高的国内领先的“A+H+G”股上市综合性保险集团，连续十二年入选《财富》世界 500 强。

太保品牌围绕“一个太保，共同家园”，长期实施“太平洋保险”主品牌战略，无论集团、子公司、分支公司，还是产品与服务，都使用太平洋保险品牌，确保了“一个太保”的统一形象，并形成品牌合力，共同积聚和使用品牌资产，这是太保的品牌战略优势。

近些年，太保品牌站在高质量发展的新起点上，顺应时代前进趋势，以“建设中国太保品牌新高地”为指引，通过不断提升系统持续的战略规划、与时俱进的品牌形象、协同共生的品业生态圈、声誉长青的发展好口碑和向上向善的 ESG 行动，努力建设成为看得到金融向善、听得懂一线炮火、嗅得到民生需求的品牌。

万华化学

万华化学品牌管理部

万华化学集团股份有限公司是一家全球化运营的化工新材料公司，依托不断创新的核心技术、产业化装置及高效的运营模式，为客户提供更具竞争力的产品及解决方案。

万华化学始终坚持以科技创新为第一核心竞争力，持续优化产业结构，业务涵盖聚氨酯、石化、精细化学品、新兴材料四大产业集群。所服务的行业主要包括：生活家居、运动休闲、汽车交通、建筑工业、电子电气、个人护理和绿色能源等。

作为一家全球化运营的化工新材料公司，万华化学拥有烟台、宁波、四川、福建、珠海、宁东、蓬莱、匈牙利九大生产基地及工厂，形成了强大的生产运营网络；此外，烟台、宁波、北京、北美、欧洲五大研发中心已完成布局，并在欧洲、美国、日本等十余个国家和地区设立子公司及办事处，致力于为全球客户提供更具竞争力的产品及综合解决方案。

万华化学秉承“化学，让生活更美好！”的使命，将一如既往地在化工新材料领域持续创新，引领行业发展方向，为人类创造美好生活！

盈康一生

盈康一生战略品牌部

盈康一生是海尔集团旗下大健康产业生态，通过科技和服务创新，服务于每个人的一生盈康，获评“中国 500 最具价值品牌”及“中国科技创新品牌 500 强”。

以用户需求为中心，盈康一生坚持科技创新，数智融合，深耕生命科学、医疗器械、医疗服务三大领域，拥有科创板上市公司海尔生物和创业板上市公司盈康生命。海尔生物连续入选科创 50、上证 380、富时全球指数等；盈康生命入选医疗服务上市公司 TOP20。

盈康一生的产品和服务覆盖全球 160 多个国家和地区，用户覆盖全球 1 万多家一流医院、企业、科研机构等，并与世界卫生组织、联合国儿童基金会等 20 余个国际组织保持长期合作。

中国民生银行

中国民生银行成立于 1996 年 1 月 12 日，是中国第一家由民营企业发起设立的全国性股份制商业银行，现已发展成为一家拥有商业银行、金融租赁、基金管理、境外投行等金融牌照的银行集团。成立 27 年来，中国民生银行已发展成为资产总额超 7.25 万亿元、境内外分行机构及网点数 2608 家、员工近 6.1 万人的大型商业银行。中国民生银行在英国《银行家》杂志 2022 年“全球银行 1000 强”中居第 22 位，在美国《财富》杂志 2022 年“世界 500 强企业”中居第 273 位。

2022 年，中国民生银行结合全行五年发展目标与战略定位，构建了一套具有时代精神和自身鲜明特色的企业核心理念体系《中国民生银行企业文化手册——民生 DNA2.0》：

- 使命：服务大众 情系民生
- 愿景：长青银行 百年民生
- 价值观：以客为尊、诚信、创新、高效、共赢、稳健
- 发展目标：成为一家特色鲜明、持续创新、价值成长、稳健经营、特色鲜明的一流商业银行
- 战略定位：民营企业的银行、敏捷开放的银行、用心服务的银行

中控技术

仲卫涛　中控技术战略 & MKT 分管负责人

吴　斌　中控技术战略 & MKT 总裁

张　爽　中控技术战略 & MKT 总裁助理、品牌部总经理

王钰雯　中控技术品牌运营部经理

作为流程工业智能制造整体解决方案供应商，浙江中控技术股份有限公司（以下简称“中控技术”或“公司”）成立于 1999 年，公司秉承“让工业更智能、让生活更轻松”的使命和愿景，聚焦流程工业自动化、数字化、智能化需求，形成了从集散控制系统（DCS）、安全仪表系统（SIS）、网络化混合控制系统等自动化控制系统到仪器仪表、工业软件、行业解决方案、一站式智能服务、咨询、工程等覆盖流程工业全生命周期的产品服务体系。

公司坚持自主创新，聚焦用户价值创造和行业关键难题，面向工业 3.0+ 工业 4.0 构建的“135 客户价值创新模式”有效满足流程工业在转型升级中的重大行业需求，助力流程工业实现生产过程自动化和企业运营自动化，实现行业领跑。

公司产品及解决方案广泛应用流程行业，覆盖全国多个千万吨级炼油、百万吨乙烯、百万吨芳烃、大型煤制烯烃等工业过程全流程生产项目，累计服务客户超过 2.8 万家，在新加坡、沙特阿拉伯、马来西亚、印度尼西亚等国家完成多家本地化公司注册运营，并逐步向东南亚、中东、非洲、东欧等区域扩张。

中粮

中粮（COFCO）是与新中国同龄的国民品牌，中国农粮行业领军者，全球布局、全产业链的国际化大粮商。中粮以农粮为核心主业，聚焦粮、油、糖、棉、肉、乳等品类，同时涉及食品、金融、地产领域。中粮不断完善农粮主业资产布局，持续提升大宗农产品经营能力，促进农产品采购、储存、加工、运输和贸易环节上下游协同一体，以市场化的方式高效保障粮油供应。2022年，中粮实现营收7414亿元，利润总额228亿元。

在全球，中粮积极推动拓展海外布局，形成了遍及主产区和主销区的农产品贸易物流网络，从事谷物、油脂油料、糖、肉、棉花等大宗农产品采购、储存、加工、运输和贸易，在南美、黑海等全球粮食主产区和亚洲新兴市场间建立起稳定的粮食走廊。

在中国，中粮是最大的粮食市场化品牌，是大豆、小麦、玉米、食糖等农产品进出口的执行主体，主要农产品年加工能力超过8000万吨，为国人提供日常消费的主要农产品品类，旗下“福临门”“长城”“蒙牛”“酒鬼”“中茶”“家佳康”等子品牌享誉中国市场。

中信银行

谢志斌　中信银行党委委员、副行长
陆金根　中信银行业务总监
吴　军　中信银行普惠金融部总经理
朱义明　中信银行交易银行部总经理
王海云　中信银行交易银行部副总经理

中信银行成立于 1987 年，是中国改革开放中最早成立的新兴商业银行之一，是中国最早参与国内外金融市场融资的商业银行，并以屡创中国现代金融史上多个第一而蜚声海内外，为中国经济建设做出了积极贡献。2007 年 4 月，中信银行实现在上海证券交易所和香港联合交易所 A+H 股同步上市。其坚持服务实体经济，稳健经营，与时俱进。经过 30 余年的发展，中信银行已成为一家总资产规模超 8.5 万亿元、员工人数超 6 万名，具有强大综合实力和品牌竞争力的金融集团。2022 年 9 月，中信银行以成立 35 周年为契机开展品牌焕新，聚力打造“一个中信银行 一个品牌主张”，发布新品牌主张“让财富有温度”，焕新品牌形象。2022 年，中信银行在英国《银行家》杂志“全球银行品牌 500 强排行榜”中排名第 20 位，在上榜的 48 家中资银行机构中位列第 8 位。

凯度集团、牛津大学赛德商学院、《财经》杂志介绍

生态品牌认证

生态品牌认证由新华社品牌工程、凯度集团、牛津大学赛德商学院、《财经》杂志联合发起，对传统品牌向生态品牌转型过程中的进展和成效展开评估。通过向全球范围内的品牌开放生态品牌的认证，激励和助力更多企业参与生态品牌建设，把握时代先机，实现基业长青与高质量发展。

凯度集团

作为全球领先的品牌数据与分析机构，凯度是世界级强品牌不可或缺的专业伙伴。我们将有意义的消费者态度和行为数据，强大可靠的数据资源与评估标准体系，以及创新的数据算法与技术相结合，揭示人们是如何思考、感受和行动的。我们帮助客户

达成全景心智洞察，塑造卓越品牌未来。

牛津大学赛德商学院

牛津大学赛德商学院诞生于新老文化的融合中。这是一所充满活力和创新的商学院，同时深深植根于一所拥有800多年历史的世界顶级大学——牛津大学。赛德商学院开展具有全球影响力的项目和思考，同时指导学生实现商业生涯的成功，并作为学院的一分子积极寻求解决全球问题的方法。赛德商学院提供全球顶级课程，包括备受推崇的MBA、EMBA、诸多专业领域的计算机硕士学位、定制和开放课程组合以及高管认证文凭，并通过开展突破性的研究，改变个人、组织、商业和社会。赛德商学院是一所国际化和开放的学院，其课程参与者来自50多个国家。赛德商学院力求成为一所植根于世界一流大学的全球顶尖商学院，以解决全球范围的问题。

Andrew Stephen 安德鲁·史蒂芬

安德鲁·史蒂芬教授是市场、媒体和广告行业的学术权威，致力于研究以技术为中心的未来营销实践。他还是牛津大学赛德商学院的教研副院长。此外，他是牛津大学未来营销倡议组织(Oxford Future of Marketing Initiative)的创始人。该组织是学术研究人员与一些世界领先的品牌、机构和科技公司的合作网络，旨在通过严谨的学术研究和实践的循证思想作为指导来塑造营销学科的未来。他致力于推动营销、消费者心理学和技术的交融。最近，安德鲁教授被美国市场营销协会认可为全球顶级市场营销学者之一，并且在英国排名第一。

Felipe Thomaz 费利佩 · 托马斯

费利佩 · 托马斯是市场营销学的副教授，也是“未来营销倡议组织”的研究学者。他是市场战略和数字市场领域的专家，尤其关注公司业绩。他的研究通过图形理论与社会网络分析法为身处数字化浪潮的组织提供了新颖的见解和管理工具。费利佩与许多全球领先的公司、政府和非营利组织保持合作。他曾以专家身份在联合国大会上作报告，并担任牛津马丁学院反非法野生动物贸易项目、牛津互联网研究所技术和选举委员会、牛津人工智能与可持续发展倡议的指导顾问。他是牛津大学多项创新项目的发起者，也是增强智能实验室（Augmented Intelligence Labs）的联合创始人。增强智能实验室是一家校企合作公司，旨在提供前沿的决策支持、智能管理工具和支持全球市场分析的智慧营销技术。

《财经》杂志

《财经》杂志由中国证券市场研究设计中心主办，创刊26年来，始终秉承“独立立场，独家报道，独到见解”的编辑理念，以权威性、公正性、专业性的新闻原则，密切关注中国经济制度变革与现代市场经济进程，全面观察并追踪中国经济改革的重大举措、政府决策的重要动向和资本市场建设重点事件；同时关注海外的重大经济、时政要闻，并通过记者现场采访获取第一手资讯，以大量深入细致的调查报道和深刻前瞻的观点评论，不断扩大中国媒体报道空间与深度，推动改革与开放进程。2003 年起，《财经》年刊正式出版；2008 年，《财经》年刊英文版首次刊出。

《财经》杂志现已成为中国最具全球视野和国际影响力的主流媒体之一，是中国政经学界决策者、研究者、管理者的必读刊物，被公认为中国最具影响力的财经新闻杂志之一，具有深厚和广泛的国内、国际影响力。

商标声明

凯度的名称、商标、标志或标语始终归凯度所有，且凯度保留所有权利。未经凯度的书面同意，任何组织或个人不可使用本书中与凯度相关的名称、商标、标志或标语。The Saïd Business School（赛德商学院）隶属于牛津大学，The University of Oxford（牛津大学）和 Oxford（牛津）为 The Chancellor, Masters and Scholars of the University of Oxford（牛津大学）的注册商标。财经 CAIJING MAGAZINE、财经 CAI JING MAGAZINE、财经 BUSINESS & FINANCE REVIEW 为北京《财经》杂志社有限公司的注册商标。在本书中出现的其它注册商标或商标，公司、产品或服务名称以及其他名称，属于各自所有者资产。

免责声明

本书所载资料仅供一般参考用，并非针对任何组织或个人的个别情况而提供的专业建议或服务。虽然本书已致力于提供准确和及时的案例及数据，但本书对这些案例及数据在您收取本书时或日后的准确性、完整性和可靠性不做任何明示或暗示的担保。在做出任何可能影响您的财务或业务的决策或采取任何相关行动前，您应咨询专业顾问。凯度集团、牛津大学赛德商学院、《财经》杂志均不对任何基于本书做出的决策或行为而导致的任何损失承担责任。

版权声明

如果您想获取更多的信息，欢迎联系：ebe@ecosystembrand.com
或登陆 www.ecosystembrand.com ，也可扫描下方二维码。

生态品牌认证
官方网站

凯度
微信公众号

财经杂志
微信公众号